KB254068

바로간다 SK텔레콤

초판 1쇄 발행 | 2015년 9월 1일

지 은 이 | 이학무, 이재호
발 행 인 | 김영희
기　　획 | 신현숙, 하순영
마 케 팅 | 권두리
편　　집 | 변호이, 최은정, 박지혜, 김민지
디 자 인 | 문강건, 한동귀, 박성민
발 행 처 | (주)에프케이아이미디어(*프리이코노미북스*)
등록번호 | 13-860호
주　　소 | 150-881 서울특별시 영등포구 여의대로 24 FKI타워 44층
전　　화 | 출판콘텐츠팀 | 02-3771-0435 영업팀 | 02-3771-0245
홈페이지 | www.fkimedia.co.kr
팩　　스 | 02-3771-0138
E - mail | rommi10@fkimedia.co.kr
I S B N | 978-89-6374-116-1 13320
정　　가 | 1만 1,000원

◈ 낙장 및 파본 도서는 바꿔 드립니다.

◈ 이 책 내용의 전부 또는 일부를 재사용하려면 반드시 FKI미디어의 동의를 받아야 합니다.

◈ 내일을 지키는 책 FKI미디어는 독자 여러분의 원고를 기다립니다. 책을 엮기 원하는 아이디어가 있으면
　hsshin@fkimedia.co.kr로 간략한 개요와 취지를 연락처와 같이 보내주십시오.

이 도서의 국립중앙도서관 출판예정도서목록(CIP)은 서지정보유통지원시스템 홈페이지(http://seoji.nl.go.kr)와
국가자료공동목록시스템(http://www.nl.go.kr/kolisnet)에서 이용하실 수 있습니다. (CIP제어번호 : CIP2015021026)

바로취업 시리즈 ❹

바로 간다 SK텔레콤

베스트 애널리스트의 분석과
취업멘토 교수의 가이드

이학무·이재호 지음

프리이코노미북스

취업에 왕도는 없지만 바른 길은 있다

사실 취업 준비에 왕도王道가 있을까 싶습니다. 준비한 내용은 같아도 면접관의 성향이나 기호에 따라 그리고 지원자의 당일 컨디션에 따라 당락의 결과가 달라지기도 하는 것이 취업이기 때문입니다. 하지만 면접과정이 다면화·다층화될수록 이런 운運의 요소는 점점 희박해지게 됩니다. 최근 주요 대기업들은 선발의 변별력을 높이기 위해 인·적성 테스트 도입은 물론 자소서를 직무에세이 형식으로, 면접을 합숙 형태의 집합면접으로 전환하였습니다. 여러분도 당연히 이런 채용 프로세스가 탈脫스펙을 위한 것임을 잘 알고 계실 겁니다. 하지만 탈스펙을 위해서 무엇이 가장 필요한지에 대한 인식은 부족한 것 같습니다. 사진, 어학점수, 자격증, 수상 경력, 교환학생 경험 등과 같은 것을 안 본다면 과연 무엇으로 지원자의 역량을 평가할 수 있다고 생각하시는지요?

결국 서면書面과 대면對面 과정에서 지원자의 간절함과 준비 상태로 판단할 수밖에 없습니다. 간절함이란 먼 길을 함께 가도 좋겠다는 확신을 주는 것이고, 준비 상태란 희망 회사에 지원하기 위해 구체적으로 얼마나 많은 고민과 탐구활동을 했는가에 의해서 결정됩니다. 그래서 집합면접장에 들어가면 상황 케이스를 주고 전략이나 아이디어를 도출해보라는 질문이 빈번하게 출제됩니다. 사실 전문가도 이런 질문을 제한된 짧은 시간에 소화하기 어렵습니다. 해법은 면접관이 무엇을 기대하는지를 간파하는 데 있습니다. 입사를 위해 많은 고민을 해봤다면 그래도 '나름의 답을 하지 않을까'라는 면접관의 기대를 충족시키는 것 말입니다.

그래서 취업을 제대로 준비하기 위해서는 기업에 대한 이해가 전제되어야 합니다. 시간에 쫓기다 보면 기업 분석의 필요성은 인정하지만 엄두가 나질 않는다는 생각이 드실 겁니다. '급할수록 돌아가라'는 속담이 있습니다. 급하면 무엇을 해도 몰입할 수 없다는 의미일 것입니다.

본 기업분석 시리즈는 취업 포털의 채용 공고문을 확인하는 순간부터 시작해도 전혀 무방합니다. 서류 심사에서 최종 면접까지 1개월에서 2개월의 기간 동안 본서를 활용하는 것에 시간적 부족함을 느끼지 않을 것입니다. 1장 산업 파트만 읽어도 기업을 분석하는 것에 대한 막연함에서 벗어날 수 있습니다. '멘토의 팁'과 '관련 자료 찾아보기' 코너를 곁들인 이유가 바로 여기에 있습니다. 애널리스트의 친절한 설명과 멘토의 가이드를 따라가다 보면 어느새 회사를 보는 안목이 생기는 것을 깨닫게 될 겁니다. 면접관이 무엇을 중요하게 생각하는지 알게 되므로, 자소서에 어떤 소재를 활용해야 할지 면접에서 어떤 부분을 언급하고 강조해야 할지 자연스럽게 알게 됩니다. **왕도는 없다고 했지만 바른 길은 있습니다. 바로 가는 취업을 원한다면 지금 바로 첫 페이지를 펼쳐보시기 바랍니다.**

ICT를 주도하는 국내 1위 이동통신사, SK텔레콤에 지원하려면…

우리는 살면서 다양한 선택의 상황을 하루에도 수없이 만난다. 이때 가장 중요한 것은 세 가지다. 나에 대해서 알아야 하며, 내가 선택할 대상에 대해서 알아야 하고, 최종적으로 나와 그 대상이 잘 맞는지를 알아야 한다. 우리는 이와 같은 연습을 평소에 수도 없이 한다. 식사 메뉴를 정할 때도 그날 몸의 컨디션과 현재의 욕구 등을 따져 의사결정을 내린다. 그런데 이와 같은 연습을 하루에 최소 한 번 이상 지속적으로 해왔음에도 우리는 인생에서 정말 중요한 선택을 해야 할 때 의외로 나 자신을 위한 결정을 내리지 못할 때가 많다.

나를 위해 신중히 의사결정을 내리는 것은 대학 진학과 전공 선택 등에서도 중요하지만 직업을 정하고 직장을 구할 때에는 더할 나위 없이 중요하다. 구직자는 일반적으로 생각하는 것보다 더 심도 깊게 나와 회사에 대해 연구하고 공부해야 한다. 이를 바탕으로 나와 회사의 시너지를 아는 것이 취업의 첫 시작이기 때문이다.

이와 같은 관점에서 본 기업분석 시리즈는 취업을 준비하는 많은 학생들에게 유용한 자료가 될 것으로 생각한다. 내가 입사하고자 하는 회사에 대해 다양한 각도로 미리 살펴본다면 어렵게 들어간 회사를 금방 떠나는 행동을 하지 않을 수 있을 것이다. 최근 신입사원들을 보면 회사 또는 특정 부서에 대한 막연한 기대와 환상을 가지고 들어와 며칠 일해본 뒤, 자신이 생각했던 것과 다르면 쉽게 떠나는 경우를 종종 보게 된다. 그러한 결정은 정말 그 일을 하고 싶어 오랫동안 준비한 다른 사람의 소중한 기회를 날린 것이며, 일의 적임자를 찾던 회사뿐 아니라 본인 스스로의 시간을 낭비한 것이므로 지양해야 한다.

이번 자료를 준비하면서 오랫동안 잘 알고 있었던 SK텔레콤에 대해서 다시 한 번 돌아볼 수 있었다. 또 참 좋은 회사라는 것을 새삼 느끼게 됐다. SK텔레콤은 이동통신서비스사업이라는 탄탄한 현재의 사업이 있고 플랫폼과 사물인터넷(IoT: Internet of Things)이라는 중·장기적 비전도 있는 회사다. 유선통신산업이 무선통신산업에 잠식되는 것과 같은 위협 요인은 오랜 기간 동안 없을 것이므로 1위 사업자인 SK텔레콤은 앞으로도 상당히 안정적인 경영을 이어갈 것이다.

따라서 **SK텔레콤에 입사한다는 것은 안정 속에서 새로운 것에 대해 도전해볼 수 있는 유리한 위치에 가게 되는 것을 의미한다.** 이 책에 SK텔레콤이 향후 도전하고자 하는 목표와 기회 및 위기에 대한 이야기를 많이 담아놓았다. 이 책을 읽고 SK텔레콤이 잡고자 하는 기회가 마치 나의 것처럼 느껴져 가슴이 두근거린다면 SK텔레콤의 일원이 되도록 노력하여 SK텔레콤의 미래를 함께 만들기를 바란다.

목차

• 이 책을 읽기 전에
1_취업에 왕도는 없지만 바른 길은 있다(이재호)
2_ICT를 주도하는 국내 1위 이동통신사, SK텔레콤에 지원하려면…(이학무)

• 한눈에 본다, SK텔레콤

CHAPTER 01 산업: 미래로 향한 이동통신의 속도전

01 이동통신 대중화 시대 열고, 대표 주자가 되기까지
국내 이동통신서비스 최초로 시작 _022
아날로그 시대 끝나고 화려한 디지털 시대 시작되다 _023
신세기통신 합병 이후, 독보적인 시장점유율 유지 _026

멘토의 팁 » 국내 이동통신의 역사 찾아보기
» 고유 경쟁력과 한계 요인 생각해보기
관련 자료 » 검색 키워드, '스마트 앱세서리'

02 이동통신산업의 특성과 주요 동향
큰 상승세도, 큰 하락세도 없다 _030
신기술 도입에 따른 미묘한 경쟁 구도 변화 _031

멘토의 팁 » 5G 중심의 미래시장 지형도 그리기
관련 자료 » 검색 키워드, '이동통신사 5G 전략'

03 산업의 지형도를 바꾸는 IoT의 물결

키즈폰, 가입자 연령을 확 낮춘 웨어러블기기 _034
수익성 높지 않아도 지속적으로 공략해야 하는 시장 _035
스마트홈시장을 선점하라 _038

멘토의 팁 » 키즈폰의 전략적 의미 생각해보기
관련 자료 » 검색 키워드, '키즈폰 경쟁우위 요소'

04 이동통신업체 간 소리 없는 마케팅 대전

일시적으로 경쟁 누그러뜨린 단유법의 등장 _041
'가격'이 아닌 '결합상품'으로 승부하라 _043
데이터중심요금제의 등장과 전략 _044

멘토의 팁 » 모바일 콘텐츠 전략에 대한 이해도 높이기
관련 자료 » 검색 키워드, 'SK텔레콤 모바일 콘텐츠'

05 차세대 통신망 안정으로 밝아진 산업 전망

고여 있던 시장을 흔들다 _047
4G가 가져온 변화들 _048

멘토의 팁 » 통합 플랫폼 기업으로의 전망 그려보기

CHAPTER 02 시장: 혁신을 선도하는 시장 지배자의 성공 전략

01 국내 통신시장의 기본 구조

3사의 유무선통신 시장 점유율과 경쟁 구도 _054
미디어산업을 잡아라 _056

관련 자료 » 미래창조과학부, 〈스마트미디어산업 발전 전략 연구〉

02 시장 트렌드를 이끈 히트상품

스피드 011, 첫 번째로 등록된 이동전화 식별번호 _059
T맵, 실시간 교통정보로 똑똑한 길 안내 _060
T전화, 편의성 극대화한 통화 플랫폼 _063

멘토의 팁 » T맵의 핵심 가치 생각해보기
» DB와 콘텐츠를 통한 성장 가능성 유추해보기

관련 자료 » 요코야마 류지, 『트리플 미디어 전략』
» 검색 키워드, '2015년 4월 SK텔레콤 기자간담회'

03 글로벌 이동통신시장을 장악한 리더들

주요 국가의 통신시장 구조 _066
2강 2약의 구도를 보이는 미국 _067
차이나모바일이 절대적인 지배력을 보이는 중국 _071
10개 이상이던 업체들이 정리되며 안정 찾은 일본 _075
3위 사업자인 소프트뱅크의 약진을 주목하라 _078

멘토의 팁 » 미국 이동통신사들의 경쟁 구도 살펴보기
» 글로벌 LTE시장 트렌드 체크하기
» 소프트뱅크의 행보 살펴보기

관련 자료 » 검색 키워드, '망중립성'
» 검색 키워드, 'LTE 방식'
» 검색 키워드, '일본 이동통신사 O2O 전략'
» 검색 키워드, '이동통신사 스타트업 투자'

04 가장 가까운 곳에서 고객을 만나는 유통 채널

직영점과 대리점 구조 _082
세일즈의 품격을 높여라 _085

멘토의 팁 » 유통사의 시장 진입에 따른 대응 전략 생각해보기
» 매장 차별화 방법 생각해보기
관련 자료 » 검색 키워드, '롯데하이마트의 매장 전략'
» 검색 키워드, '이동통신사 유통 채널 전략'

05 기술의 진화와 시장의 변화

LTE가 가져온 데이터 혁명 _089
통신시장 변화의 열쇠를 쥔 미디어시장 _092
더 선명한 동영상을 더 빠르게 _093

멘토의 팁 » 나만의 체험 스토리 만들기
관련 자료 » 검색 키워드, 'LTE 기술'
» 검색 키워드, '가입자 데이터 사용량 비교'

CHAPTER 03   경영 이슈: ICT 빅뱅에 대비하라

01 서비스 다양화, 고급화로 만족도를 높여라

뉴노멀 환경에서 새로운 돌파구를 찾다 _098
소비자 불만은 낮추고 기업의 수익은 높이고 _099
지속되는 규제 환경 _101
수면 위로 떠오른 제4이동통신 _102
제4이동통신의 출현은 과연 득일까 실일까 _104

멘토의 팁 » 고객에게 제공되는 서비스 프로그램 정리해보기
» 제4이동통신사에 대한 주요 이슈 찾아보기
» 정부의 통신 정책 살펴보기

관련 자료 » SK텔레콤 공식 블로그
» 검색 키워드, '제4이동통신사 도입'
» 검색 키워드, '이동통신 방문판매'

02 가격 경쟁에서 우위를 선점하라

포화된 시장에서의 가격 경쟁 _108
기존의 구도를 흔드는 새로운 변수 _109
가격 인하 경쟁과 데이터중심요금제 _110

멘토의 팁 » SK텔레콤의 비가격 경쟁 전략 살펴보기
관련 자료 » 검색 키워드, 'SK텔레콤 비가격 경쟁'

03 사물인터넷 시대의 당면 과제

이종 산업으로의 확장 _115
플랫폼 혁신으로 열리는 시장 _116
커넥티드카, 자동차와 사물인터넷의 만남 _119
대규모 데이터 시대의 망중립성 논쟁 _122

멘토의 팁 » 사물인터넷 시대에서의 역할 생각해보기
» 스마트카 시대의 비즈니스 전략 살펴보기
» 망중립성 훼손 문제에 대해 찾아보기

관련 자료 » 검색 키워드, '통신 사물인터넷'
» 검색 키워드, '스마트카시장 통신업체'
» 정보통신정책연구원, 〈OTT 플랫폼의 진화와 규제 이슈〉

CHAPTER 04 경영 요소: 성장과 안정을 동시에 만드는 시스템

01 따로 또 같이, 최상의 시너지를 만드는 사업구조

주요 출자회사의 구조와 역할 _128

주요 부서의 업무와 역할 _131

업무의 효율을 높이는 아웃소싱 구조 _137

멘토의 팁 » 실제 업무 전략 대비하기

02 경쟁사를 앞지르는 알짜 경쟁력

1등 기업이라는 브랜드의 가치 _139

'무선 장악' 이어 유선통신시장도 접수 중 _141

IPTV시장에서의 성장 가능성 _143

멘토의 팁 » '통신' 단어를 뺀 채 경쟁력 생각해보기
» SK브로드밴드의 상품과 서비스 숙지하기

03 하드웨어와 소프트웨어의 경쟁력

기술을 선점해야 시장을 선점한다 _146

전용 단말기로 마케팅 차별화 _147

T맵에서 확인되는 소프트웨어 경쟁력 _148

멘토의 팁 » 리스크 요인 생각해보기

04 고객 행복을 중심으로 한 마케팅 전략

가격 경쟁보다 고객 행복 _151

18년간 고객만족도 1위, 고객이 인정했다 _154

데이터 시대의 초석을 닦은 '눝' 서비스 _155

멘토의 팁 » SK텔레콤의 행복경영 의의 생각해보기
» SK텔레콤의 데이터 전략 분석하기

05 통신시장 변동에 따른 재무 지표 흐름

통신 패러다임 바뀌며 한동안 주가 하락세 _157

투자효율성이 높은 LTE서비스로 수익성 회복 _158

1위 사업자가 가지는 수익 안정성 _159

멘토의 팁 » 주가 흐름과 관련된 이슈 눈여겨보기
관련 자료 » 검색 키워드, 'SK텔레콤 주가'

CHAPTER 05 문화: 가능성과 희망을 연결하는 기업문화의 힘

01 더 나은 미래로 향한 성장 역사

행복한 대한민국을 꿈꾼 SK의 창업정신 _170

SK텔레콤의 혁신과 국민의 행복은 정비례 _171

새로운 미래를 만드는 도전의 역사 _172

관련 자료 » 검색 키워드, 'SK텔레콤 성장 역사'

02 세상에 새로운 가치를 더하는 기업문화

시스템으로 움직여라 _174

ICT 인재를 육성하는 조직문화 _175

SKMS, SK의 철학과 목표가 담긴 경영 매뉴얼 _176

멘토의 팁 » 기업문화에 대해 조사해보기

관련 자료 » SK그룹, 〈SKMS〉

한눈에 본다, SK텔레콤

1984 ▶한국이동통신서비스(주) 설립
▶차량전화서비스 개시

1988 ▶공중전기통신 사업자 업무 개시
▶휴대전화서비스 개시

1994 ▶선경그룹(현 SK그룹)이 인수

1995 ▶무선호출 문자서비스(광역) 개시
▶CDMA 디지털 이동전화 시험통화 실시

1997 ▶'SK텔레콤'으로 사명 변경
▶'스피드011' 브랜드 출시

1999 ▶아날로그 이동전화서비스 중단
▶신세대 전용 브랜드 (TTL) 출시

2000 ▶WAP시스템 국산화 성공
▶CDMA 2000 1X 세계 최초 상용서비스 개시

2001 ▶세계 최초 IMT-2000 시범서비스 개시
▶세계 최초 이동통신 동영상 상용서비스 개시
▶10대 전용 이동통신서비스 ting 출시
▶유무선 통합 포털 NATE 오픈

2002 ▶신세기통신 합병
▶모바일 멀티미디어서비스 june 출시

2003 ▶2·3G 휴대인터넷서비스 시연
▶CDMA 2000 1X EV-DO 화상전화 상용서비스 개시

2004 ▶유비쿼터스 음악서비스 Melon 출시

아날로그 통신부터 차세대 네트워크 5G, 사물인터넷까지…
국내 이동통신 역사와 함께한 SK텔레콤의 31년

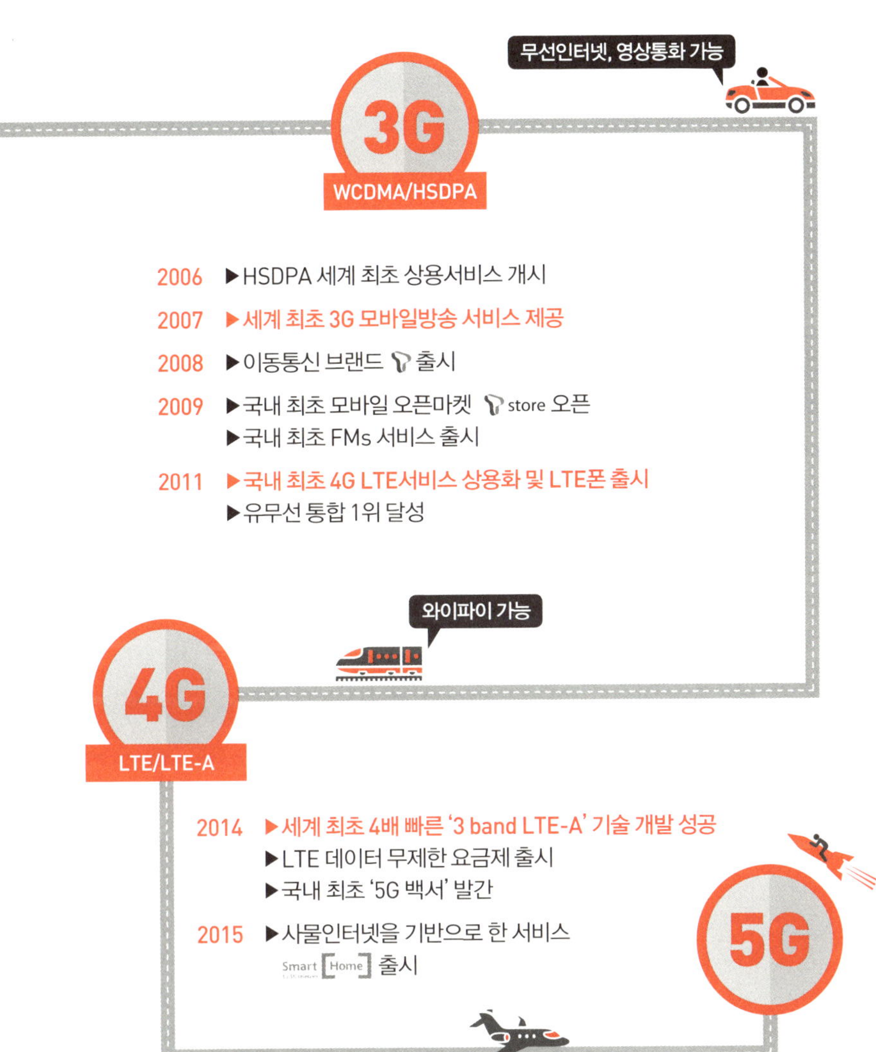

무선인터넷, 영상통화 가능
3G
WCDMA/HSDPA
2006 ▶ HSDPA 세계 최초 상용서비스 개시
2007 ▶ 세계 최초 3G 모바일방송 서비스 제공
2008 ▶ 이동통신 브랜드 출시
2009 ▶ 국내 최초 모바일 오픈마켓 store 오픈
▶ 국내 최초 FMs 서비스 출시
2011 ▶ 국내 최초 4G LTE서비스 상용화 및 LTE폰 출시
▶ 유무선 통합 1위 달성
와이파이 가능
4G
LTE/LTE-A
2014 ▶ 세계 최초 4배 빠른 '3 band LTE-A' 기술 개발 성공
▶ LTE 데이터 무제한 요금제 출시
▶ 국내 최초 '5G 백서' 발간
2015 ▶ 사물인터넷을 기반으로 한 서비스
Smart Home 출시
5G
'스마트폰 전성시대', 대용량 콘텐츠 전송 가능

한눈에 보는 SK텔레콤 채용 MAP

채용 정보는 어디서?

SK 공식 사이트에서 채용 동향 수시로 체크해야

SK그룹의 '따로 또 같이'는 그룹과 계열사 간의 시너지를 만들기 위한 SK그룹만의 독특한 경영방침이다. 채용의 효율성을 위해 SK그룹은 채용 공식 사이트(www.skcareers.com)를 두어 그룹 전체적으로 채용 공고를 띄우고 있는데, SK텔레콤은 상반기 인턴 모집(3월), 하반기 공채(9월) 등 1년에 2회 신입사원 채용을 진행하고 있다. 경력사원의 경우, 회사 내 채용 니즈에 따라 공고를 수시로 업데이트하니 틈틈이 채용 사이트의 타임라인을 확인해보자. 그 밖에 채용 블로그도 별도로 운영하고 있어 신입사원에게서 듣는 취업 노하우, 최종 면접 후기, 채용 Live On 등 SK텔레콤 채용과 관련된 알짜 정보들을 살펴볼 수 있다.

채용 절차는 어떻게?

온라인접수 마쳤다면, SKCT 준비하며 올바른 역사관 정립하기

서류전형 ▶ 직무면접(경력직) ▶ SK종합적성검사 ▶ 면접전형 ▶ 건강검진

서류전형은 SK그룹 채용 사이트를 통한 온라인지원을 원칙으로 하고 있다. 서류접수 시 기본적인 인적 사항 이외에 사진, 경력, 자격증, 어학성적 등의 입력을 요구하지 않으며, 채용 전 과정에 걸쳐 블라인드 전형을 실시한다. SK종합적성검사는 1978년에 국내 기업 최초로 도입된 인·적성검사로 사고의 합리성, 문제해결 능력 등을 보는 적성검사와 사교성, 대인관계 능력 등을 보는 인성검사로 이뤄져 있다. 2013년부터 새로 도입된 SKCT를 시행하며 '역사' 영역을 추가한 것이 특징적이다. 면접의 경우, 학습된 지원자를 뽑기보다는 내실 있는 인재를 뽑기 위해 노력하고 있기 때문에 면접 스킬을 학습하는 것보다 진정한 본인의 실력을 키우는 것이 먼저임을 명심하자.

SK텔레콤이 바라는 인재란?

자신만의 브랜드로 세상에 새로운 가치를 더할 수 있는 사람

SK텔레콤의 인재상은 '세상에 가치를 더하는 사람'이다. 본인이 가진 역량을 바탕으로 회사와 함께 성장해 이 세상에 어떠한 형태로든 유용한 가치를 더해줄 수 있는 사람을 선발하고자 한다. 직무 역량뿐 아니라, 미래지향적인 마음가짐, 열린 자세, 남다른 생각, 도전적 목표, 멈추지 않는 근성 등의 기질을 갖춘 사람을 찾고 있다. 하지만 이 모든 것을 갖춘 지원자는 보기 드물 것이다. SK텔레콤은 완벽하지 않더라도 자신만의 강점을 경쟁력 있는 브랜드로 만들 수 있는 사람, 인재육성을 통해 회사와 함께 더욱 성장해갈 수 있는 사람을 선발하고자 한다.

유선통신 기반 서비스
제공 기업
(TV, 전화, 기업데이터,
기타 미디어 관련
사업 총괄)

글로벌 오픈 플랫폼
전문 기업
(콘텐츠 및 애플리케이션
사업, '11번가', 'T맵' 등
운영)

DRAM,
NAND Flash, CIS 등
종합 반도체 회사

국제전화 및
인터넷전화 서비스
제공 기업

+plus SK텔레콤의 신성장동력을 확인하고 싶다면, ICT 뮤지움 '티움(T.um)'

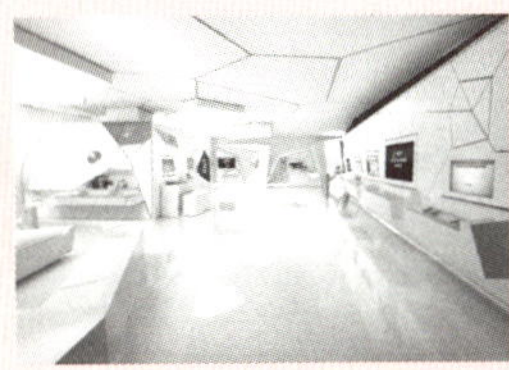

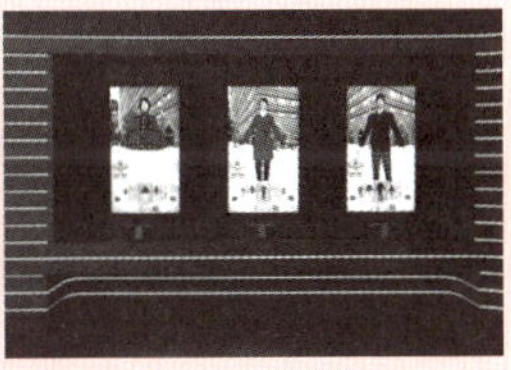

티움(T.um)은 ICT의 현재와 미래를 직접 눈으로 확인할 수 있는 국내 유일의 체험형 ICT 전시관이다. 미래의 생활상을 볼 수 있는 '플레이 드림관'과 현재 SK텔레콤의 기술 및 서비스를 체험할 수 있는 '플레이 리얼관'으로 구성해 ICT 기술이 얼마만큼 진보했는지 보여준다. 특히 자동차에 ICT의 기술을 접목한 '유드라이빙', 미래의 주거환경을 구현한 '유홈', LTE-A 스마트헬스 등 SK텔레콤이 만들고 싶은 미래 생활상이 어떤 모습인지 확인할 수 있다.

◆ 운영시간 | 09:00~18:00(월~금) ◆ 위치 | 서울특별시 중구 을지로65 SK T-타워
◆ 문의 | 02) 6100-0601, 0602 ◆ 신청방법 | tum.sktelecom.com을 통한 온라인 신청

산업:
미래로 향한
이동통신의 속도전

휴대폰은 이제 우리 생활에서 없어선 안 될 생활필수품이 되었습니다. 국내에서 처음으로 이동통신서비스를 선보인 뒤 현재까지 업계 1위를 유지하고 있는 SK텔레콤은 끊임없이 새로운 기술과 서비스를 출시하며 국민 생활의 질을 높였습니다. SK텔레콤이 앞장서 이끈 국내 이동통신산업의 발전사와 산업군의 특성, 주요 동향 등을 살펴보며 SK텔레콤에 대한 기본적인 이해를 다져봅시다.

01

이동통신 대중화 시대 열고, 대표 주자가 되기까지

국내 이동통신서비스 최초로 시작

SK텔레콤이 영위하고 있는 국내 이동통신서비스의 시작은 1960년으로 거슬러 올라간다. 서울 및 수도권 일부 지역 정부기관을 대상으로 서비스를 시작한 것이 시초라고 볼 수 있다. 그 후 약 20년간은 차량전화서비스만 제공되었고, 1980년에 이르러서야 새로운 통신기술의 발달과 함께 이동통신사업이 확장되기 시작했다. 1984년에 한국통신의 자회사로 '한국이동통신'이 설립되면서 아날로그 방식의 셀룰러 Cellular 서비스가 서울, 안양, 수원 및 성남 등에서 시작되었다.

국내에서는 가격적인 매력이 더 높은 무선호출시장이 먼저 성장해 1992년에 무선호출 가입자가 100만 명을 돌파하기에 이르렀다. 이후 1994년에 선경그룹(현 SK그룹)이 한국이동통신의 최대주주가 되면서 성장이 더욱 가속화됐고, 전국 74개 시 전역과 읍 및 고속도로 주변 지역으로 서비스 영역이 확장됐다. 1997년에는 사명을 'SK텔레콤'으로 변경, 국내 이동통신 대표 주자로서 면모를 갖췄다.

아날로그 시대 끝나고 화려한 디지털 시대 시작되다

1994년에 제2이동전화 사업자로 신세기통신이 선정되면서 국내 이동통신시장에서 유일한 사업자였던 한국이동통신의 독점체제가 종식되었다. 신세기통신의 시장 진입과 함께 기존 국내 이동통신시장은 아날로그에서 CDMA(Code Division Multiple Access, 코드분할 다중접속)를 기반으로 한 디지털 방식으로 기술이 이전되었다. 이를 기점으로 이동전화 가입자가 급속히 늘어나기 시작했다. 독점체제가 무너졌기 때문이기도 했고, CDMA 기술이 기존 아날로그 방식보다 상대적으로 투자비가 낮으면서 보다 깨끗하고 안정적인 통화품질을 제공할 수 있어 더 많은 가입자를 확보할 수 있었기 때문이다.

1997년부터는 한국통신프리텔, LG텔레콤, 한솔PCS 3사가 PCS(Personal Communication Service, 개인휴대통신)를 제공하면서 시장경쟁이 더욱 가속화되었다. 초기 도입 시에는 PCS가 기존 셀룰러 방식보다 열위가 있는 기술로 인식되기도 했지만 두 기술 모두 미국 퀄컴Qualcomm사의 IS-95 CDMA 기술을 기반으로 하고 있다는 측면에서 큰 차이가 없었고 소비자가 느끼는 서비스 차이는 더욱 없었다. 때문에 국내 이동통신시장은 복점複占에서 자유경쟁 시장으로 진입하게 되었다. 가입자 유치 경쟁이 가속화되던 2000년에 들어서는 국내 이동통신 가입자가 2,682만 명에 이르렀다. 이처럼 가입자가 급속도로 증가한 것은 당시 기준으로 50만~80만 원에 이르는 높은 단말기 가격을 상당 부분 보조해주던 단말기 보조금 제도가 기반이 되었기 때문이다.

그러나 단말기 보조금 과잉경쟁으로 인해 이동통신업체의 재무구조가 점차 악화되기 시작했다. 1999년에 SK텔레콤이 신세계통신을 인수합병하였고, 2000년에 한국통신프리텔이 한솔M.com(한솔PCS)을 인

1G부터 5G까지, 이동통신 세대별 발전 과정

구분	1G	2G	3G	4G	5G
특징	개인용 이동통신의 시작으로 볼 수 있으며, 아날로그 셀룰러 네트워크를 기반으로 사람의 음성을 전기적인 신호로 전달하는 음성통화 서비스만 가능했음	수용량 및 보안에 한계가 있었던 아날로그 방식의 1세대 무선통신의 단점을 보완하여 SMS 등 저속의 데이터 서비스를 제공한 최초의 디지털 방식의 서비스임	CDMA와 GSM에서 진화한 차세대 이동통신기술로 WCDMA와 HSDPA 등이 있음. 2세대 대비 데이터 전송속도가 빠른 것이 특징임	유무선전화, 위성통신, 무선랜, 디지털방송 등을 연동시킴으로써 융합서비스를 제공하는 이동통신 서비스. 3세대가 비동기전송모드를 기반으로 한 데 반해 4세대는 IP를 기반으로 함	초고대역 주파수를 사용하는 이동통신 서비스로, 현재에는 개발 단계에 있음
최고 전송속도	14.4Kbps	144Kbps	14Mbps	75Mbps	1Gbps
상용화 시기	1984년	2000년	2006년	2011년	2020년
가능 서비스	음성	음성, 텍스트 문자	음성, 멀티미디어 문자, 화상통화	음성, 데이터, 실시간 동영상	홀로그램, 사물인터넷, 입체 영상 등

자료: SK텔레콤

수함으로써 국내 이동통신시장은 현재와 같은 3사 체제로 재편되어 유지되었다.

이동통신산업에 대한 이해를 돕는 주요 통신용어

CDMA	코드분할 다중접속(Code Division Multiple Access) 방식으로, 사용자가 시간과 주파수를 공유하며 신호를 송수신하기 때문에 기존의 아날로그 방식 대비 우수한 통화 품질과 수용 용량을 자랑함
CDMA2000	CDMA보다 한 단계 진화된 형태로, 더 빠른 속도와 큰 수용 용량을 자랑함. GPS 위성을 이용하여 음성이나 데이터를 전송해 기지국 간의 시간을 똑같이 맞춤으로써 사용자 위치와 관계없이 실시간 통화가 가능하도록 만들기 때문에 '동기식'으로 분류됨
WCDMA	'비동기식'으로 분류되는 접속 방식으로, 기지국이나 중계국을 통해 음성이나 데이터를 전송함. 가입자 수용 능력에서 동기식을 앞서지만 통화 품질 등에선 큰 차이가 없음
HSDPA	3세대 서비스를 한 단계 앞선 기술로, WCDMA서비스보다 빠른 속도로 데이터를 전송함(3.5세대)
LTE	HSDPA보다 12배 이상 빠른 속도의 서비스 제공. WCDMA에서 진화한 것이기 때문에 기존의 네트워크 망과 연동할 수 있어 투자비와 운용비를 크게 줄일 수 있는 것이 장점
LTE-A	LTE보다 2배 빠른 속도 구현이 가능한 이동통신서비스로, 주파수 집성을 활용하여 서로 떨어져 있는 주파수 2개를 묶어서 빠른 속도를 구현함
와이브로 (Wibro)	Wireless(무선)+Broadband(광대역)의 합성어로, 이동하면서 사용 가능한 휴대인터넷을 칭함
와이파이 (WiFi)	4G LTE, 와이브로, HSDPA 등 무선접촉장치가 설치된 구역에서 인터넷을 사용할 수 있는 서비스

국내 이동통신의 역사 찾아보기

국내 이동통신산업이 어떻게 발전해왔는지 찾아봅시다.

1961년 국내 최초로 이동전화서비스가 제한적으로 시작된 이후 반세기 만에 국내 이동통신산업은 세계적 수준에 이르렀습니다. 그런 결과를 만드는 데 SK텔레콤도 한 축을 담당했습니다. SK텔레콤의 역사가 바로 한국 이동통신산업의 역사인 만큼 입사 준비를 위한 첫 공부로 이동통신산업의 역사를 탐색해보기 바랍니다.

'이동통신 역사'를 키워드로 보다 자세한 내용을 찾다 보면 기술 용어들에 대한 이해가 자주 요구됩니다. 정보통신 분야의 전공자가 아닌 경우 구체적인 이해는 아니더라도 어떤 작동 원리로 어떻게 통신이 연결되는지 정도는 알아두기 바랍니다. 한 예로 '셀룰러 방식'이란 단어를 찾아보기 바랍니다. 지면 제약상 자세한 설명은 어렵지만 셀룰러 통신 방식의 개념을 이해하게 되면 FDMA, CDMA, PCS 등과 같은 통신용어들은 자동적으로 이해됩니다.

신세기통신 합병 이후, 독보적인 시장점유율 유지

SK텔레콤은 이동통신산업에서 가장 오랜 역사를 가지고 있을 뿐 아니라 2002년 신세기통신과의 합병 이후 지속적으로 50% 수준 이상의 시장점유율을 유지하고 있는 독보적인 국내 사업자다. 오랜 역사에 걸맞게 아날로그 네트워크부터 현재 서비스되고 있는 4세대 LTE망까지 설치 및 운영해온 유일한 국내 사업자라는 측면에서 기술적인 우위 또한 독보적이다. 효율성 측면에서도 두 명 중 한 명이 SK텔레콤 가입자라는 시장 지배력은 다양한 마케팅을 시도할 수 있다는 이점뿐 아니라 가격 경쟁력에서도 우위를 가질 수 있는 구조다. 더욱이 이미 과점화되어 있는 시장의 특성으로 미루어 볼 때 앞으로도 SK텔레콤의 국내시장의 지배력이 낮아질 가능성은 낮다고 판단된다.

물론 빠르게 변화하는 이동통신시장의 흐름 속에서 새로운 주도업체가 나타날 가능성이 아예 없는 것은 아니다. 하지만 새로운 기술도입 면에서도 SK텔레콤이 뒤처질 가능성은 거의 없는 것으로 보인다. 또한 전 세계 이동통신기술이 표준을 기반으로 발전하고 있기 때문에, 새로운 기술 도입 시 의사결정의 실기로 국내 이동통신업계의 시장점유율 변화가 발생할 가능성도 상당히 낮은 것으로 판단된다. 국내 이동통신시장에서 SK텔레콤의 경쟁우위가 지속될 것이라는 점에는 이견을 두기 어렵겠지만, 반면 사업의 특성상 국내를 넘어 해외시장 개척을 통한 성장은 기대하기 어렵다는 게 아쉬운 점이다.

이미 국내 이동통신시장은 5,000만 가입자를 넘어서고 있어 1인당 1개 이상의 이동전화를 보유하고 있는 셈이다. 때문에 현재 가입자 이상으로 큰 성장을 기대하기는 어려워 회사가 더욱 성장하기 위해서는 해외시장 개척 등 변화가 불가피하다. 하지만 통신서비스사업은 국가의 기간산업이기 때문에 전 세계 대부분의 나라가 모두 허가를 기반으로 사업을 영위할 수밖에 없어 해외시장 진출은 쉽지 않아 보인다.

물론 최근에 일본의 소프트뱅크^{SoftBank}가 미국의 스프린트^{Sprint}를 인수한 사례가 있긴 하다. 하지만 이는 특히 이례적인 일로서, 소프트뱅크의 손정의 회장이 미국 의회를 통해 더 저렴한 비용에 더 좋은 품질의 이동통신서비스를 이용할 수 있게 하겠다는 장점을 강력히 부각했기에 정부의 승인을 받을 수 있었던 것이다. 그러나 현재 소프트뱅크가 스프린트의 손익에서 어려움을 겪고 있는 것을 보면, 인수 이후에도 수익성 확보가 다소 불투명해 해외 확장을 통한 성장도 크게 기대하기는 어려워 보인다.

멘토의 Tip ②   고유 경쟁력과 한계 요인 생각해보기

SK텔레콤의 고유 경쟁력과 한계 요인을 정리해봅시다.

SK텔레콤은 이동통신 사업자로서 몇 가지 고유 경쟁력을 보유하고 있습니다. 우선, 점유율 50%의 시장 지배자로서 마케팅과 가격 경쟁력 면에서 우위에 있습니다. 그리고 전 세계 이동통신기술이 표준화됨에 따라 정책 실기 등의 의사결정 리스크가 여타 산업에 비해 낮은 편입니다. 반면, 대부분 국가가 통신을 기간산업으로 정하고 있기 때문에 해외진출을 통한 성장 전략은 제한적일 수밖에 없습니다. 따라서 SK텔레콤은 시장 지배자로서의 비교우위를 활용해 다양한 마케팅과 가격우위 상품 전략을 강화해야 합니다. SK텔레콤 기업분석 시 이런 부분에 초점을 두면서 살펴보기 바랍니다.

2014년 6월 SK텔레콤은 휴대형 멀티미디어기기 개발업체인 아이리버를 인수했습니다. SK텔레콤의 '스마트 앱세서리' 사업 전략의 일환으로 진행되었다고 합니다. 그리고 SK텔레콤은 휴대용 빔프로젝터인 '스마트빔'과 스마트폰 TV 연결기기 '스마트미러링', 교육용 스마트로봇 '아띠' 등을 선보였습니다. 앱세서리가 있으면 모바일엔 불가능이 없다는 표현이 있을 정도로 소비자의 관심이 높은 만큼, '스마트 앱세서리'를 키워드로 경쟁 통신사들의 참여 현황이나 제품 리스트 정도는 체크하기 바랍니다.

02

이동통신산업의 특성과 주요 동향

큰 상승세도, 큰 하락세도 없다

이동통신은 어떤 측면에서는 생활필수재 성격이 강하기 때문에 경기 민감도가 그리 높지 않은 산업이다. 물론 경기가 나쁠 때는 가계에서 각각 통신비를 절감하기 위해 낮은 요금제로 이전하거나 정부 차원의 가격 인하 압력이 가해지기도 한다. 그러나 이 모두가 사실상 제한적이기 때문에 상대적으로 상당히 안정적인 산업이라고 볼 수 있다.

일반적으로 이동통신서비스 가입은 2년간의 약정을 기반으로 단말기 보조금을 지급받고 요금도 할인받는 구조를 가지고 있다. 따라서 중도에 요금제를 변경할 경우, 남은 약정기간과 이미 제공받은 할인 비용 등을 기반으로 위약금이 일시에 발생된다. 이렇게 일회성으로 내야 하는 위약금 부담이 월 납입 통신요금보다 높은 경우가 많기 때문에 요금제 하향이 급격하게 진행되기 어려운 경향이 있다. 약정기간이 만료되었다고 하더라도 일반적으로 단말기 수명이 2년 정도에 불과하기 때문에 새로운 단말기 수요가 있고, 또 높은 요금제는 높은 보조금을 받는 구조를 감안하면 여러모로 낮은 요금제로 이전하는 것이 제한적일 수밖에 없다.

정부의 가격 인하 압력도 현재의 과점체제에서는 크게 유효하기 힘든 상황이다. 이를 타개하기 위해서 제4이동통신 사업자 선정을 고려해볼 수 있지만 수조 원에 달하는 통신망 투자비가 선집행되어야 하기 때문에 제4이동통신사가 가격 경쟁력을 가지고 통신비 절감에 크게 기여할 것이라고 기대하기는 어려운 상황이다. 따라서 국내 이동통신산업은 큰 성장을 기대하기에도 한계가 있지만 경기나 외부적인 요인으로 인해서 수익성이 크게 하락할 위험도 낮은 산업이다.

신기술 도입에 따른 미묘한 경쟁 구도 변화

새로운 기술의 도입으로 시장의 역학 구도가 바뀔 수 있는 가능성은 있으나 이 역시 제한적인 변화일 것이다. 이동통신과 관련된 기술이 성숙단계에 진입함에 따라 전 세계적으로 표준을 기반으로 발전하는 구조로 되었기 때문이다. 전 세계의 표준이 먼저 정해지면 장비업체가 관련 장비를 개발하고, 단말기업체 역시 이를 기준으로 단말기를 개발하는 단계를 거치기 때문에 새로운 기술 도입으로 인해 시장 구도가 급격히 변화할 가능성은 낮은 것으로 판단된다.

2011년에 LG유플러스가 LTE서비스를 출시한 사례를 보자. 4세대 이동통신기술인 LTE서비스를 국내에서 상용화하는 단계에서 LG유플러스가 KT보다 먼저 서비스를 시작해 이를 기반으로 가입자를 적극적으로 유치한 바 있다. 하지만 그로 인한 시장점유율 변화는 1~2%p 수준으로 전체적인 시장의 역학 구도를 바꾸지 못했던 것을 주지할 필요가 있다. 당시 KT의 대응이 늦어진 것은 LTE용 주파수를 할당하는 과정에서 벌어진 일시적인 문제에 기인했을 뿐이다. 때문에 KT는 1년 이내에 서비스 품질을 따라갈 수 있었고, 현재 그 문제는 이미 다 해결된 상황이라고 볼 수 있다. 물론 가입자를 새롭게 유치할 방법이 제한된 상황에서 1~2%p에 달하는 점유율 상승과 하락은 크다면 클 수 있다. 하지만 이 정도의 점유율 변화가 기업의 생존에 영향을 줄 수 있는 수준은 아니라는 점에서 제한적인 영향이라고 판단된다.

SK텔레콤이 전 세계에서 CDMA를 최초로 상용서비스한 것과 빠르게 LTE를 보급·확산한 것 등에서 확인할 수 있듯이 국내 통신서비스산업은 국내의 통신장비 및 단말기 사업에 큰 기여를 하고 있다. 빠른 신기술 도입과 상용화 등을 통해 국내에서 충분히 제품 경쟁력을 확인한 다음, 해외시장으로 진출할 수 있는 발판을 마련할 수 있어 국내 경제에 직간접적인 기여가 상당히 큰 것으로 평가된다.

 **사물인터넷시장의 미래를 여는 '5G' 동향을 알아봅시다.**

2014년부터 5G가 이동통신업계의 새로운 화두로 떠올랐습니다. 정부도 5G 핵심 시범서비스를 2017년에 실현하고 2020년에는 세계 최초로 상용서비스를 제공한다는 전략입니다. 1G는 이동통신기술 도입기, 2G는 정부주도 개발 단계, 3G는 이동통신 사업자 중심의 생태계 단계(3G까지는 음성 중심), 4G는 현재와 같은 스마트폰 플랫폼 중심의 생태계(데이터 중심)로 구분되는데, 5G는 사용자 중심의 생태계(고품질 무선인터넷)로 진화하는 것을 의미합니다. 5G 기술은 아직 상용화 단계는 아니지만 사물인터넷시장을 선점하기 위한 키key로 인식되고 있는 만큼 이동통신사 간 경쟁도 치열해지고 있으므로 시장 지형도를 잘 그려둘 필요가 있습니다.

관련 자료 찾아보기 ❷
검색 키워드, '이동통신사 5G 전략'

'이동통신사 5G 전략'을 키워드로 업계 동향을 정리해보기 바랍니다. 참고로 SK텔레콤은 통신 기반의 차세대 플랫폼 전략을 추진하고 있습니다. 생활가치 플랫폼, 통합미디어 플랫폼, 사물인터넷서비스 플랫폼 등을 중심으로 미래 성장을 도모하겠다는 의지입니다. KT는 '기가토피아'를, LG유플러스는 '홈사물인터넷'을 주요 전략으로 추진한다는 방침입니다. 3사 통신사 모두 지금 당장 수익을 내는 영역은 아니지만 5G는 미래 먹거리의 신생태계가 될 것으로 전망하고 있습니다. 면접 과정에서도 빈번히 다뤄질 수 있다는 전제로 주요 내용을 기본적으로 이해해두기 바랍니다.

03

산업의 지형도를 바꾸는
IoT의 물결

키즈폰, 가입자 연령을 확 낮춘 웨어러블기기

스마트기기가 점점 확산되고 활용도가 높아지면서 이와 관련한 통신기기들도 새롭게 등장하고 있다. 특히 시계, 안경 등 몸에 착용할 수 있는 형태로 디자인된 스마트기기인 웨어러블Wearable기기는 이동통신 산업에 새로운 활력을 불어넣을 것으로 기대된다.

가장 대표적인 예가 SK텔레콤이 2014년에 출시한 어린이 전용 웨어러블기기 '키즈폰'이다. 키즈폰에서 확인할 수 있는 가능성은 이동전화의 사용연령을 기존보다 더 낮출 수 있다는 것이다. 키즈폰은 전화를 걸거나 받는 것이 쉽지 않은 어린 연령대까지 이동전화를 사용할 수 있도록 서비스를 개발했다는 데 큰 의미가 있다. 간단한 버튼 조작 한두 번으로 부모와 같이 필요한 사람에게 전화를 걸 수 있도록 단순화하였고, 전화기의 주요한 조정은 키즈폰과 연동되어 있는 부모의 스마트폰에서 할 수 있도록 하여 5~10세의 연령대까지 이동전화를 보급할 수 있는 길을 열었다. 초기 버전은 터치 기능이 채택되지 않았지만 차기 버전은 터치 기능 등을 제공함으로써 더욱 편리한 통화가 가능하도록 개선될 것으로 보인다. 특히 부모의 스마트폰과 연계된 위치추적 기능, 3회 이상 전화를 받지 않을 경우에는 자동으로 수신하는 기능 및 비상전화 기능 등 해당 연령의 아이들을 가진 부모에게 상당히 필요한 기능을 잘 제공하고 있는 제품이다.

수익성 높지 않아도 지속적으로 공략해야 하는 시장

키즈폰은 일종의 사물인터넷의 초기 버전으로, 키즈폰 가입자가 10만 명을 넘어서고 있는 것을 감안하면 사물인터넷이 이동통신산업의 새로운 성장동력이 될 수 있음을 충분히 보여준 셈이다. 사물인터넷을 통한 이동통신업체의 성장은 키즈폰의 예가 잘 보여주듯, 하나의 제품으로 엄청나게 많은 가입자를 일시에 모을 수는 없지만 나름의 편리를 제공함으로써 의미 있는 가입자를 모으고, 그러한 제품과 서비스가 모여서 차기 성장동력으로 자리 잡게 되는 구조가 될 것으로 보인다.

SK텔레콤은 국내 시장점유율 50%를 차지하고 있어 이와 같은 차기 서비스 출시에서도 우위를 가질 수 있을 것이다. 키즈폰의 예에서도 알 수 있듯 부모의 스마트폰과 연동되어야만 서비스를 제공할 수 있는데, 50%의 시장점유율이라는 것은 부모 중 한 명이 SK텔레콤 가입자일 확률이 높다는 것이므로 향후 빠른 시장 확대를 기대할 수 있는 주요 경쟁력을 갖춘 것으로 보인다.

또 하나 관심 있게 봐야 할 예로 'T아웃도어' 상품을 들 수 있다. T아웃도어는 삼성전자의 시계형 이동전화인 '갤럭시기어S'를 기반으로 만든 상품으로, 본인의 스마트폰과 연계하여 스마트폰 없이도 시계를 통해 통화가 가능한 서비스다. 2014년 하반기에 출시하여 아직 가입자는 SK텔레콤 전체 가입자 대비 1~2% 수준이다. 하지만 이와 같은 상품이 지속적으로 출시됨으로써 수십만의 가입자라도 모집된다면 차기 성장 가능성은 더욱더 높아질 것이다.

휴대전화의 사용연령을 대폭 낮춰 더 많은 가입자를 유입할 것으로 기대되는 '키즈폰'

자료: SK텔레콤

스마트폰 없이도 독자적인 통화가 가능한 서비스 'T아웃도어'

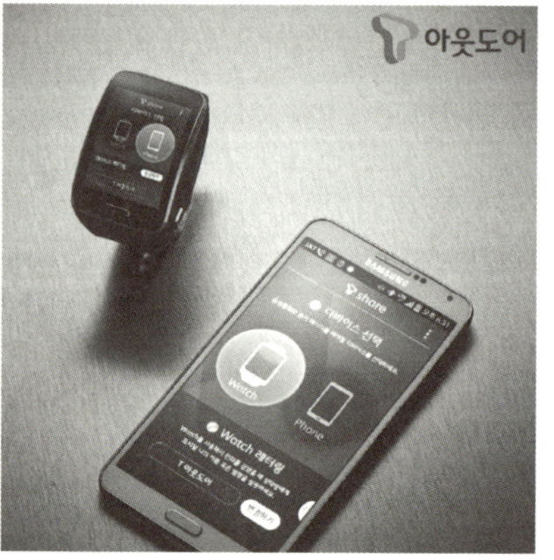

자료: SK텔레콤

 **만약 자신이 키즈폰 기획 담당자라면 무엇을 중요한 전략적 요소로 삼을지 생각해봅시다.**

　SK텔레콤의 키즈폰(손목시계형)은 사물인터넷 기반 웨어러블 디바이스의 가능성을 엿볼 수 있는 상징성을 지니고 있습니다. 2015년 4월 기능을 업그레이드한 'T키즈폰 준2'가 출시되었습니다. KT와 LG유플러스도 교육부 '안심 알리미' 프로그램과 결합하여 유사한 기능을 가진 단말기(목걸이형)를 출시하고 있습니다. 사물인터넷시장을 겨냥한 SK텔레콤의 준비 전략이라는 측면에서 본다면 키즈폰이 갖는 비중은 의외로 클 수 있습니다. 만일 면접에서 "당신이 키즈폰 기획 담당자라면 무엇을 가장 중요한 전략적 요소로 볼 것 같은가요?"와 같은 질문이 나온다면 어떤 대답을 내놓을지 미리 생각해볼 필요가 있습니다. 힌트는 SK텔레콤에 키즈폰은 단순히 아동용 알리미 전자기기가 아니라는 점에 있을 것입니다.

관련 자료 찾아보기 ❸
검색 키워드, '키즈폰 경쟁우위 요소' 

　'키즈폰 전략'을 키워드로 관련 분석자료를 찾아보기 바랍니다. 상품 결합성, MS 방어, 시장 포화 여부 등의 관점에서 SK텔레콤 키즈폰이 가진 경쟁우위 요소들을 중심으로 체크해보기 바랍니다. 또한 '키즈폰 사물인터넷', 'T아웃도어 사물인터넷'을 키워드로 SK텔레콤의 라이프웨어를 활용한 사물인터넷시장 공략 방법도 참고해보기 바랍니다.

스마트홈시장을 선점하라

이와 같은 사물인터넷 기기들 하나하나가 모여 앞으로 더 큰 사물인 터넷 관련 시장이 형성될 것이다. 그 과정에서 이동통신사의 망 이용이 필수적이라는 것을 보면 이동통신사의 수혜는 확실할 수밖에 없다. 또 하나 긍정적인 것은 이동통신사는 사물인터넷기기에 기존의 통신망을 연결만 해주면 되기 때문에 사물인터넷시장을 열기 위한 초기 비용이 거의 없다는 것이다.

이에 따라 최근 국내 이동통신사의 동향은 주도적으로 관련 시장을 키우는 쪽으로 흐르고 있다. SK텔레콤뿐 아니라 LG유플러스 역시 스마트홈과 관련된 다양한 사물인터넷기기를 직접 출시하거나 제휴를 통해 출시하는 등 활발한 움직임을 보인다.

SK텔레콤의 경우에는 조명, 보일러, 도어락 및 에어컨을 포함한 주요 가전업체들과 제휴를 맺어 종합 솔루션을 제공하는 방식으로 사업을 진행하고 있다. 다양한 사물인터넷기기를 기존의 T맵서비스 및 위치기반서비스와 연계하는 것이다. 사용자가 집을 나서면 자동으로 외출모드에 맞춰 집안의 전자기기 세팅을 전체적으로 바꾸고, 집 근처에 왔을 땐 보일러부터 시작해 귀가모드에 맞춰 관련 기기를 하나하나씩 실행하는 등 편의성을 제공하여 사물인터넷 시대를 이끌어가고자 한다.

특히 SK텔레콤의 전략이 눈에 띄는 것은 새로운 기기를 먼저 구입하고 그 제품을 기반으로 스마트홈을 구성하는 방식이 아니라는 점이다. 집 안에 필요한 물건을 하나씩 구매하는 과정에서 인터넷 연결 서비스가 가능한 제품을 약간의 프리미엄을 지불하고 구입하면 SK텔레콤의 스마트홈서비스를 이용할 수 있는 방식이기 때문에 점진적인 시장 침투가 가능한 구조를 가지고 있다. 경쟁사인 KT 역시 유사한 방식으로 스마트홈서비스를 준비하고 있다.

SK텔레콤이 사업 초기부터 제휴를 기반으로 빠르게 사업을 진행한 반면, LG유플러스는 자사 중심의 제품 출시를 기반으로 서비스를 시작한 이후 개방형 전환의 전략을 가지고 있는 것으로 보인다. LG유플러스는 가스밸브를 원격으로 확인·조종할 수 있는 서비스 '가스락' 및 홈CCTV서비스 '맘카' 등에 이어 2015년 5월에 추가적으로 'U+스위치',

가정 내 주요 제품을 연결해 통합 솔루션을 제공하는 SK텔레콤의 스마트홈서비스

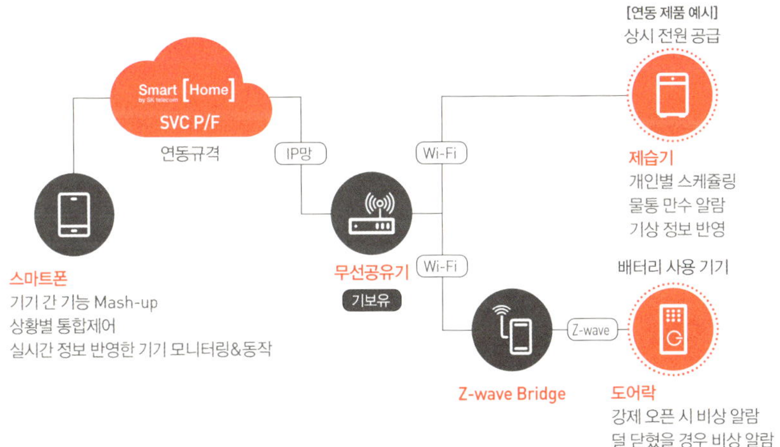

자료: SK텔레콤

SK텔레콤의 스마트홈서비스는 주요 가전업체와의 제휴를 통해 시장을 선점하고 있음

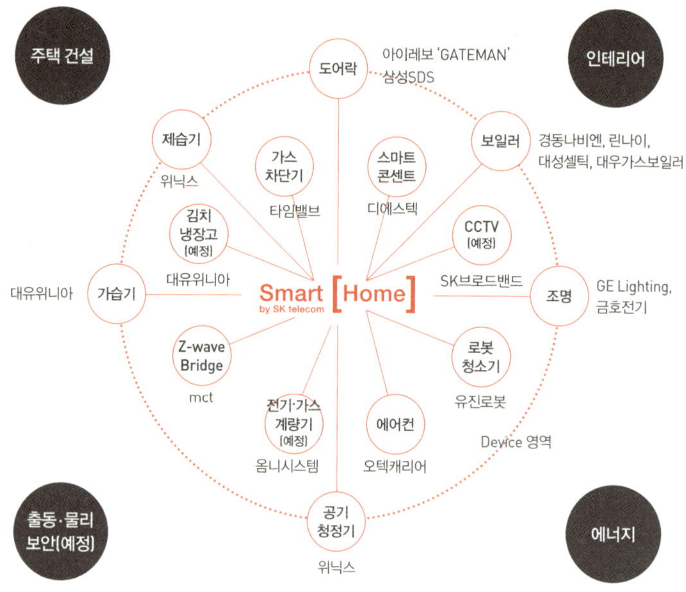

자료: SK텔레콤

'U+에너지미터', 'U+오픈센서', 'U+플러그' 등 소비자가 매력을 느낄 수 있는 주요한 상품을 주도적으로 출시해 기존 통신서비스사업과의 시너지 및 경쟁력 우위를 강조하고 있다. LG유플러스는 가정을 중심으로 사물인터넷시장을 개척해 이끌어간다는 점이 SK텔레콤의 전략과 약간의 차이를 보이는 부분이다.

이동통신업체 간 소리 없는
마케팅 대전

일시적으로 경쟁 누그러뜨린 단유법의 등장

통신서비스산업은 대규모 투자가 필요한 인프라산업이자 민간산업이지만 정부의 허가를 받아야 하고 이로 인해서 일정 부분 규제를 받는 규제산업이기도 하다.

한편으로 이 같은 특성의 통신서비스산업은 이미 과점화되어 있어 과잉경쟁으로 수익이 급격히 악화될 우려가 없는 상당히 안정된 산업이다. 물론 추가적인 신규 가입자 유치가 제한적인 상황에서 경쟁업체의 가입자를 뺏어오는 경쟁을 할 수도 있지만, 통신기술의 발달로 인해서 통화 품질 등 서비스의 기본적인 차이가 크지 않은 상황이므로 가격 경쟁을 할 수밖에 없는 구조를 가지고 있다.

매월 결제하는 통신요금을 낮추는 경쟁을 할 경우, 한 번 내린 요금

은 다시 올리기 어렵다는 특성이 있기 때문에 주요한 경쟁은 이동전
화 단말기에 보조금을 지급하는 방식으로 진행된다. 2014년 10월 이
전에는 게릴라성으로 인기 모델에 대규모 보조금을 일시적으로 지급
하여 경쟁업체의 가입자를 유치하는 경쟁을 주요하게 해왔다. 하지만
이후에 가입자가 받는 보조금이 불평등하게 지급되는 폐해를 줄이고
자 '단말기 유통구조 개선에 관한 법률(단유법)'이 제정되었다. 요금제
등이 같은 모든 가입자가 어디서 어떻게 단말기를 구입하든지 간에
같은 보조금을 받도록 법으로 명시한 것이다. 제도 변화 초기에는 가
입자, 이동통신사 그리고 대리점 모두 다소 혼선이 있었으나 점차 안
정화되는 모습을 보였다.

　한편, 애플Apple의 아이폰 6가 국내에 출시되면서 처음으로 아이폰
가입자를 유치할 수 있게 된 LG유플러스가 SK텔레콤과 KT의 아이폰
가입자를 끌어오기 위해 적극적으로 나서며 과열 경쟁이 벌어지기도
했다. '제로클럽'이라는 상품을 출시하며 18개월 뒤 단말기 가격을 선
보상하여 초기 단말기 구입비용을 낮춰주었으며, 일시적으로 대리점
에 지급하는 리베이트Rebate(상품 구입 후 지불액의 일부를 소비자에게 되돌려
주는 행위 또는 금액)를 크게 높여 법정 한도 이상의 보조금 지급을 유도
한 것이다. 그러나 정부의 강력한 제재로 단유법이 점차 안정화되며
업체 간 가격 경쟁도 갈수록 줄어드는 추세다.

'가격'이 아닌 '결합상품'으로 승부하라

　국내 이동통신산업은 3사 체제가 확립된 후 전체적인 가입자 수가 치솟으면서 가입자 유치 및 마케팅 경쟁이 매우 심화되었다. 2004년부터 가입자를 변경해도 번호를 유지할 수 있는 번호이동성제가 시행된 후 가입자가 4,000만 명을 넘어서면서 실질적인 유효가입자 기준으로 보급률이 100%에 육박한 것이다.

　이전과 또 다른 국면을 맞은 것은 2007년부터다. 기존의 음성통화와 문자 중심이던 2세대 통신서비스가 데이터 중심의 3세대 통신으로 이전된 것이다. 이로써 가입자 유치 경쟁은 더욱 가속화됐고 이동통신사의 수익성은 하향 추세를 보이기 시작했다.

　물론 이와 같은 과잉경쟁은 가입자를 5,000만 명 이상으로 확대한 것에 기여했지만 과잉경쟁으로 인한 다양한 폐해가 발생하기도 했다. 이를 정상화시키기 위해 시행된 것이 단유법이다. 2015년 상반기에는 일부 진통이 있었지만 법 제정 취지에 맞게 무선서비스를 위한 단말기 보조금 관련 경쟁은 줄어들며 정착되고 있는 모습을 보이고 있다.

　한편, 이동통신사들이 휴대폰 단말기에 과도하게 지급되던 보조금을 결합상품에 지급하면서 유선산업 및 미디어산업에서의 경쟁력을 높이고 있는 데 주목해야 한다. SK텔레콤은 경쟁사와 다르게 무선통신사업에 주력하고, 유선통신사업은 자회사인 SK브로드밴드를 통해서 추진하고 있다. 통화시장에서도 유선통신의 수요가 감소하고 있으며, 데이터시장에서도 LTE가 기존 유선데이터통신에 준하는 속도를 제공하면서 유선데이터통신의 중요성이 이전보다 낮아지고 있다. 그러나 유선데이터통신 기반 업체가 주력하고 있는 미디어시장의 성장성을 감안할 때 유선시장에서의 지배력 제고는 필수적인 상황이다.

LTE의 보급으로 가입자들은 이동 중에도 미디어를 소비할 수 있게 됐다. 이에 따라 미디어의 수요 자체가 증가했을 뿐 아니라 미디어의 방식 및 광고시장에도 변화가 일어나기 시작했다.

이러한 시장의 변화에 적극적으로 대응하기 위해 SK텔레콤은 최근 SK브로드밴드를 100% 자회사로 편입했는데, 이는 좀 더 적극적으로 유선통신시장 및 미디어시장을 공략하기 위해서다. 시장이 점차 무선통신 중심으로 변화하고 있으니 이미 무선통신시장에서 50%의 점유율을 보유하고 있는 SK텔레콤의 경우 이를 기반으로 한 유선통신시장 공략은 충분히 유효해 보인다. 또한 단유법 시행으로 여유가 생긴 마케팅비용 등을 유선통신과의 시너지 및 지배력 향상에 적극적으로 사용할 수 있다는 점도 긍정적인 여건이다. SK브로드밴드를 완전히 편입시킴으로써 SK텔레콤은 이로 인해 얻는 수혜를 100% 가져올 수 있게 됐다.

데이터중심요금제의 등장과 전략

또한 새롭게 감지되는 경쟁 구도 변화는 '데이터중심요금제'로의 이전이다. 통신서비스산업은 규제산업의 특성에서 벗어날 수 없는데,

정부가 국민들의 가계 부담을 완화해주겠다며 기업들에게 통신비 인하에 대한 압박을 지속적으로 가해왔다. 그러한 상황에서 경쟁업체인 KT가 2015년 5월에 데이터중심요금제를 출시했고, 이어서 SK텔레콤과 LG유플러스가 유사한 요금제를 출시했다. 통화 중심에서 데이터 중심으로 요금제를 개편하면서 각 이동통신사들은 소비자들에게 더 많은 무료데이터를 제공하며 데이터 사용을 더욱 편리하게 해주겠다는 전략을 내세우고 있다.

이와 같은 요금제 출시는 다시 올리기 힘든 요금을 인하했다는 점에선 이동통신업체에 부정적이라고 여겨질 수 있으나 중장기적으로 볼 때 오히려 긍정적인 움직임이라고 판단된다. 전환 초기부터 이미 이동형 미디어 시청에 대한 욕구가 높아지고 있어, 예상과는 다르게 오히려 더 높은 요금제로 이전하는 것이 확인되고 있기 때문이다. 이는 할인판매 전략이 소비자의 소비 욕구를 자극하는 데 성공한 것이다. 데이터 요구가 크게 없는 상황에서는 가격을 낮춰주면 더 낮은 요금제로 전환하여 통신비를 절감하려는 움직임을 보이지만 현재로서는 이와 반대인 모습을 보이고 있어 긍정적이다. 물론 가입자들이 요금을 절약하는 방향으로 바꾸어 일시적인 변화가 생길 수 있으나, 앞으로 모바일 미디어의 사용은 점차 증가할 것이고 중기적으로 더 많은 데이터가 필요해질 것이다. 이로써 결국에는 더 높은 비용을 지불하는 요금제로 이전이 진행될 것으로 전망된다.

이동통신업체가 왜 모바일 콘텐츠에 공을 들이는지 생각해봅시다.
데이터중심요금제는 이동통신사 간 마케팅 대전의 세 번째 무대입니다. 마케팅 대전은 '번호이동→기기변경(기변)→요금제변경(요변)'의 흐름으로 진화했습니다. 데이터중심요금제는 중장기적인 관점에서 스마트폰이 음성통화보다 콘텐츠를 소비하는 주 채널이 될 것이라는 전제를 바탕으로 하고 있습니다. 따라서 이동통신업체 입장에서는 앞으로 데이터를 많이 팔 수 있는 콘텐츠 경쟁력 제고 없이는 매출 확대가 어렵다고 봐야 합니다. 최신 이슈인 만큼 모바일 콘텐츠 전략에 대한 이해도를 높여두기 바랍니다.

관련 자료 찾아보기 ④
검색 키워드, 'SK텔레콤 모바일 콘텐츠'

먼저 'SK텔레콤 모바일 콘텐츠'를 키워드로 관련 내용들을 정리해보기 바랍니다. 비용을 줄이면서 플랫폼을 통합하는 전략을 어떻게 강화하고 있는지 살펴보세요. 예컨대, '호핀' 같은 N스크린 서비스의 통합, 'T맵'을 통한 멀티 플랫폼 전략 등 구체적으로 어떻게 실행하고 있는지 체크해봅시다.

05

차세대 통신망 안정으로 밝아진 산업 전망

고여 있던 시장을 흔들다

2015년을 기점으로 이동통신산업의 수익성은 점진적으로 좋아질 전망이다. 물론 2015년 5월에 발표한 데이터중심요금제 출시로 인해서 일시적으로 수익성이 나빠질 우려도 있다. 데이터중심요금제는 2014년에 출시한 LTE무제한요금제와 같이 무조건 개인당 매출이 올라갈 수 있는 요금제라기보다 정부의 규제 강화에 대응하기 위해 만들어진 요금제다. 실제적으로 고객의 통신비 부담을 낮춰줄 목적으로 설계되었기 때문에 출시 초기에는 일부 가입자가 기존 요금제보다 낮은 요금제를 선택하는 비중이 높을 수 있다. 그러나 데이터 중심으로 이동통신 서비스를 사용하는 패턴이 점진적으로 정착되면 개인당 매출 및 수익성이 정상 궤도에 진입할 것으로 보인다.

데이터중심요금제 출시와 같은 굴곡이 중간중간에 있을 수 있으나, 국내 이동통신산업이 지난 7~8년간의 정체에서 벗어나 새로운 성장 국면으로 진입할 것이라는 전망은 충분히 가능해 보인다. 3세대 이동통신서비스가 등장하고 LTE서비스가 본격적으로 시작된 2013년 이전까지 국내 이동통신산업은 한동안 정체기를 보냈다. 스마트폰의 활성화에도 높은 단말기 가격 부담, 새로운 서비스의 부재, 가입자 성장의 제한 등으로 성장 및 수익성에서 한계를 보여온 것이다.

2009년 말부터 아이폰이 도입되며 국내 이동통신시장은 스마트폰으로 중심이 이동됐다. 스마트폰은 출고가 기준으로 단말기 값이 기존 피처폰 대비 50% 이상 높기 때문에 이동통신사는 단말기 보조금 부담이 높아질 수밖에 없었다. 물론 데이터 사용에 따른 스마트폰 요금제를 출시해서 더 높은 요금을 받긴 했지만 보조금 증가를 충분히 상쇄하지는 못했기에 수익성 저하가 불가피했다.

2011년에 LTE가 도입된 이후에도 상황은 크게 나아지지 않았다. LTE를 앞세운 가입자 유치 경쟁이 가속화되면서 고가의 단말기 보조금 지급 및 네트워크 구축을 위한 선비용 지출 등으로 기대했던 수익성 회복은 단기적으로 확인할 수 없었다.

4G가 가져온 변화들

그러나 LTE는 기존 3세대 방식보다 투자효율성이 훨씬 높을 뿐 아니라 네트워크에서 가입자가 원하는 데이터 속도를 충분히 지원해줄 수 있는 기술이다. 때문에 소비자에게 더 높은 프리미엄 제품으로 인식될 수 있으며, 실제로 이로 인해 가입자당 월 매출이 상승세를 보이고 있다. 특히 LTE는 대부분의 동영상서비스를 원하는 만큼 안정적으로 볼 수 있도록 빠른 속도를 제공하고 있다는 점이 성공의 핵심이다.

데이터 통신망에서 LTE보다 먼저 투자된 것은 3세대 통신망이다. 그런데 3세대는 기존 2세대 통신망보다 훨씬 빠른 속도로 안정적인 서비스를 제공할 수 있었음에도 불구하고 초기에는 통화 및 문자 이상의 서비스 수요가 크게 존재하지 않아 효용성이 없었다. 이후 스마트폰이 보급되면서 통화 및 문자 이상의 서비스가 요구되었으나 충분한 네트워크 속도가 지원되지 않아 역시 효용성 면에서 한계를 보였다.

그러나 LTE는 높은 데이터 속도에 대한 소비자 욕구를 충분히 충족시킬 수 있어 이전 통신망 투자 때와는 상황이 다르다. 거기다 모바일 미디어 및 모바일 게임이 활성화되면서 더 많은 데이터를 사용해야 하는 모바일 환경이 구축되고 있어, 다시 더 높은 요금제로 유도할 수 있는 선순환 구조에 들어서고 있는 것으로 판단된다. 2014년을 기준으로 주요한 LTE 관련 투자가 일단락되었기 때문에 2015년부터는 투자비 부담이 낮아져 비용 면에서 수익성 개선이 기대되는 것도 긍정적이다.

이동통신 세대별 가입자 추이 – LTE 가입자의 빠른 증가는 수익성 개선으로 이어져

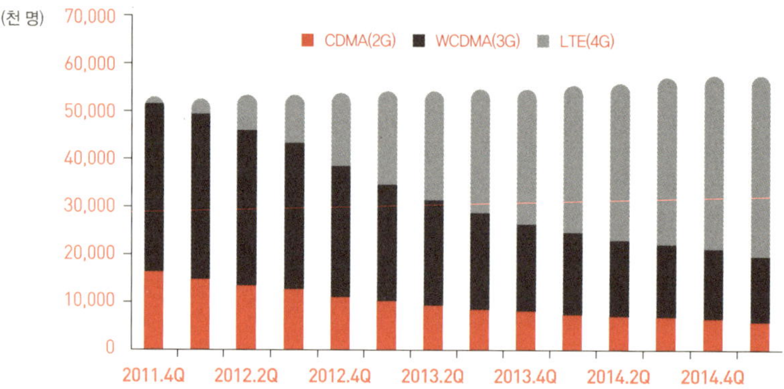

1인당 데이터 사용량 추이 – 급속도로 치솟는 1인당 데이터 사용량 추이로 본격적인 데이터 시대가 도래했음을 알 수 있어

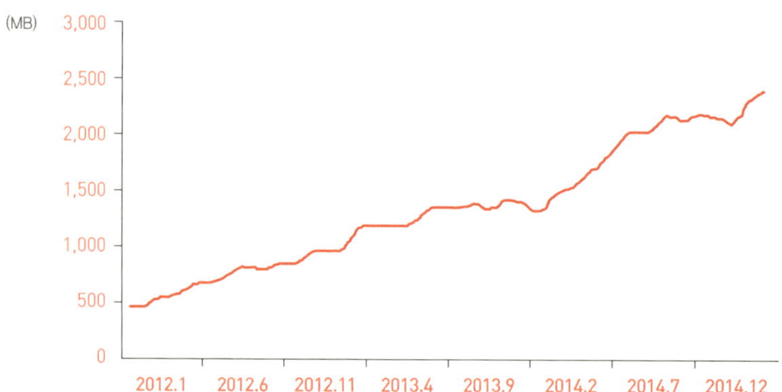

플랫폼 기업으로 변신을 꾀하고 있다는 점을 고려합시다.

SK텔레콤은 2008년 금융위기 이후 통신설비 투자와 서비스 소비 수요 간의 매칭이 맞지 않아 한동안 수익 확보에 어려움이 있었습니다. 하지만 2015년을 분기점으로 시장 환경에 긍정적인 변화가 감지되고 있습니다. 단유법에 따른 마케팅 비용의 절감, 통신망 접속 원가의 하락(2000년대 초반 투자한 3세대 WCDMA망의 감가상각이 끝나 유지보수비 제외한 원가는 제로 수준임), 이동통신 가입자 수 및 가입자당 매출의 동시 증가, 2020년 상용화 5세대 통신망 투자에 대한 여유 등으로 수익 전망이 밝아진 상태이기 때문입니다. 하지만 SK텔레콤은 지금 이동통신사의 영역에만 머물지 않고 통합 플랫폼 기업으로 변신하려는 만큼 이런 관점을 종합적으로 보려는 노력이 필요합니다.

SK telecom

시장:
혁신을 선도하는 시장 지배자의 성공 전략

SK텔레콤은 이미 과점체제로 들어선 국내 이동통신시장에서 점유율 50%를 차지하고 있습니다. 즉, 국민 두 사람 중 한 명은 SK텔레콤의 서비스를 사용하고 있는 셈입니다. 이처럼 국민들에게 사랑받을 수 있었던 SK텔레콤의 히트상품과 경쟁력은 무엇인지 알아보고, 이동통신 3사의 경쟁 구도 및 주요 나라의 글로벌 이동통신업체 현황을 살펴봄으로써 이동통신시장에서 SK텔레콤이 어떠한 위상과 전략을 가지고 있는지 알아봅시다.

01

국내 통신시장의
기본 구조

3사의 유무선통신 시장 점유율과 경쟁 구도

통신서비스산업은 전형적인 내수 중심의 산업이다. 어느 나라의 어느 정부이건 간에 방송 및 통신은 국가의 기간산업으로 간주하여 지속적인 간섭이 일어나는 산업이 될 수밖에 없다. 따라서 국내에서 통신산업을 영위하고 있는 3개 통신서비스업체는 국내를 넘어선 확장이 제한적이다.

더욱이 국내시장은 이미 포화 상태이다. 국내 이동통신 가입자가 5,700만 명을 넘어서고 있어 현재 100% 이상의 보급률을 기록하고 있다. 물론 이들 가입자 중에는 한 명이 2개 또는 그 이상의 번호를 사용하는 사람이 다수 있기 때문에 일반적으로 휴대폰을 사용하지 않는 10세 이하의 수백만 명의 잠재적인 가입자가 있다고 볼 수도 있다. 하지

유선전화 가입자 현황 및 점유율 – KT가 독보적인 시장점유율 보여

(2015년 4월 기준)

사업자	가입자(명)	점유율(%)
KT	13,525,346	80.8
SK브로드밴드	2,710,579	16.2
LG유플러스	496,688	3.0
합계	16,732,613	

자료: 미래창조과학부

무선전화 가입자 현황 및 점유율(MVNO 포함) – SK텔레콤이 50% 수준의 점유율 보여

(2015년 4월 기준)

사업자	가입자(명)	점유율(%)
SK텔레콤	26,163,566	45.5
KT	15,260,075	26.5
LG유플러스	11,066,328	19.2
MVNO	5,055,783	8.8
합계	57,545,752	

자료: 미래창조과학부

만 그로 인한 성장 폭 역시 상당히 제한적일 수밖에 없는 상황이다.

국내 이동통신시장은 SK텔레콤이 50%, KT가 30%, LG유플러스가 20%의 점유율을 보이고 있다. 물론 유선전화시장에서는 KT가 80%라는 독보적인 시장점유율을 보이고 있지만, 통신서비스시장의 흐름이 유선은 감소하고 무선이 이를 대체하는 구도로 지속되고 있기 때문에 유선통신시장을 장악하고 있는 KT의 시장점유율은 큰 의미가 없을 것으로 보인다.

SK텔레콤이 SK브로드밴드를 통해 영위하고 있는 사업인 유선인터넷시장 및 미디어시장에서 SK브로드밴드는 각각 25%와 26%의 점유율을 보이고 있다. KT는 유선인터넷시장 및 미디어시장에서 각각 42%와 53%의 점유율을 보이고 있으며, LG유플러스는 16%와 20%의 점유율을 보이고 있다. 유선인터넷도 일정 부분은 LTE를 앞세운 무선인터넷에 시장을 내줄 것으로 전망되고 있어, 향후 통신서비스시장 전체에서의 지배력을 강화하기 위해 유선인터넷의 점유율을 확대할 필요는 낮아 보인다.

미디어산업을 잡아라

그러나 미디어산업의 경우, 무선인터넷시장이 확대될수록 앞으로 더욱 성장할 수 있는 분야이기 때문에 미디어산업에는 역량을 집중시킬 필요가 있다.

미디어산업에서 통신서비스업체가 집중할 수 있는 분야는 유료방송 부문을 꼽을 수 있다. 점점 영향력이 낮아지는 유선 부문이지만 여전히 유료방송의 콘텐츠 공급업체 및 채널 사업자가 다수의 가입자를 가지고 있기 때문이다. 향후 콘텐츠 공급업체와의 제휴를 통해 무선에 적합한 미디어를 제작하는 등 우위를 점하고 시장을 확대하기 위해선 협상력을 강화시켜놓아야 한다. 이로써 SK텔레콤은 단기적으로는 현재 낮은 유료방송의 점유율을 확대해야 하며, 50%의 점유율을 가지고 있는 무선통신과의 시너지를 더욱 강화하여 향후 펼쳐질 미디어시장에서 기회를 찾아가는 과정이 필요할 것으로 전망된다.

Fig 11

초고속인터넷 가입자 현황 및 점유율 – SK텔레콤은 무선전화시장 지배력을 바탕으로 초고속인터넷 부문도 강화하고 있어

(2015년 4월 기준)

사업자	가입자(명)	점유율(%)
KT	8,185,194	42.3
SK브로드밴드	2,735,376	14.1
SK텔레콤(재판매)	2,169,234	11.2
LG유플러스	3,062,649	15.8
종합 유선	3,141,852	16.2
기타	71,187	0.4
합계	19,365,492	

자료: 미래창조과학부

Fig 12

IPTV 가입자 현황 및 점유율 – 초고속인터넷뿐 아니라 IPTV시장 지배력도 강화 중(100% 자회사 SK브로드밴드 기준)

(2015년 3월 기준)

사업자	가입자(만 단자)	점유율(%)
KT	604	53.3
SK브로드밴드	302	26.6
LG유플러스	228	20.1
합계	1,134	

자료: 미래창조과학부

SK텔레콤의 스마트미디어산업에 대한 보다 자세한 이해를 위해 미래창조과학부에서 2014년 말 발간한 〈스마트미디어산업 발전 전략 연구〉를 참고해보기 바랍니다. 보고서 분량이 가볍진 않지만 국내 유무선통신 기반 미디어산업의 오늘과 내일을 이해하기 쉽도록 관련 내용이 잘 정리되어 있습니다. SK텔레콤의 사업 영역과 관련성이 높은 내용인 만큼 일독하여 시장 현황과 흐름에 자신감을 가져보기 바랍니다.

02

시장 트렌드를 이끈 히트상품

스피드 011, 첫 번째로 등록된 이동전화 식별번호

통신서비스는 분야의 특성상 히트상품이라고 거론할 수 있는 것이 많지 않다. 이동통신사 간에도 한동안 특별한 서비스나 상품보다는 마케팅 측면의 이미지 제고를 위한 광고 전략 등이 주를 이루었다.

그중 SK텔레콤의 가장 대표적인 상품이 '스피드 011'이다. '011'은 국내에서 제일 처음 등장한 이동전화 식별번호로서 안정성과 빠른 연결 속도를 내세워 프리미엄 이미지를 구축하는 데 성공하며 SK텔레콤의 브랜드로 자리 잡았다. 이후에 번호이동제가 시행되면서 011을 SK텔레콤의 독자 브랜드로 사용할 수 없게 되었지만, '생각대로 T'라는 브랜드를 다시 런칭하는 등 브랜드 마케팅 경쟁을 지속해왔다.

T맵, 실시간 교통정보로 똑똑한 길 안내

소비자의 인식을 강화하는 브랜드 마케팅 중심으로 전략을 구사하던 통신시장에서 차별화된 제품과 서비스로 경쟁이 시작된 것은 스마트폰 도입 이후부터다.

이 중 가장 최고의 히트상품으로 꼽을 수 있는 것은 'T맵'이다. 물론 SK텔레콤이 자체 제작한 것은 아니고 100% 자회사인 SK플래닛에서 개발한 애플리케이션이다. 그러나 SK텔레콤이 자사 고객 중심으로 T맵서비스를 제공하고 있으며, SK텔레콤에 축적된 데이터로 차별화된 서비스를 제공하고 있는 점 등을 감안하면 SK텔레콤의 히트상품으로 간주할 수 있을 것이다.

T맵은 향후에도 SK텔레콤의 성장과 경쟁우위에서 주요한 역할을 담당할 상품으로 기대된다. 빅데이터 시대에서도 이점을 가질 뿐 아니라, IT 기업을 비롯해 비非IT 기업들까지도 차기 성장동력으로 생각하고 있는 사물인터넷시장에서 경쟁우위를 선점할 수 있는 중요한 상품이기 때문이다.

초기 T맵의 가장 큰 장점은 무료로 서비스를 제공받을 수 있다는 점과 통신망을 이용해 지도 및 도로 정보 등을 자동으로 쉽게 업데이트 받을 수 있다는 점이었다. 화면 크기와 사용 방법 등의 면에서 보자면 T맵 이전의 차량 전용 내비게이션도 경쟁우위가 있었다. 그러나 기존 내비게이션을 쓰는 사용자에게 가장 불편했던 점은 지도 및 도로 정보를 업데이트할 때 컴퓨터 등을 통해야만 한다는 것이었다. T맵은 이와 같은 불편함을 일시에 해결함으로써 기존 내비게이션 대비 경쟁우위를 확보할 수 있었다. 여기에 추가적으로 통신망을 활용, 실시간 교통정보를 감안한 가장 빠른 길 안내를 제공하면서 독보적인 경쟁력을 얻었다.

T맵은 자체적인 진화를 거듭하며 경쟁우위를 높여가고 있다. SK텔레콤에 가입된 이용자들의 T맵 활용도가 높으며 이용자가 계속 늘어남에 따라 T맵서비스의 질을 높여가는 선순환 구조에 진입한 것으로

수년간 축적된 데이터를 기반으로 최적화된 길 안내가 가능해진 'T맵'

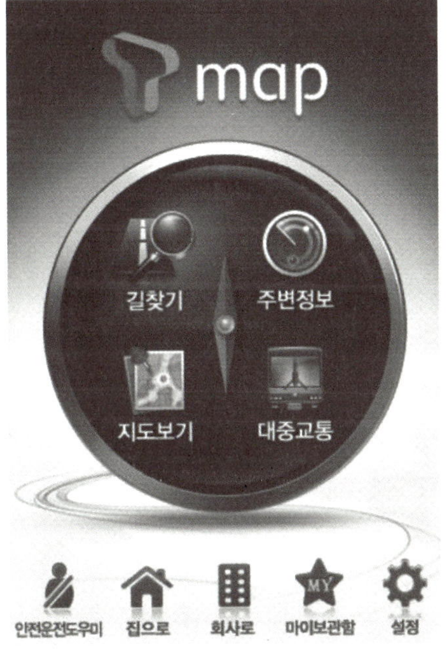

자료: SK텔레콤

파악된다. 또한, 시간대별 통행량 변화 등 지난 수년간 축적한 데이터로 빅데이터 분석을 거쳐 미래의 이동 시간을 산출하는 서비스도 제공하기 시작했다. 아직은 데이터 축적이 부족하여 정확도가 일부 떨어질 수도 있으나 이는 데이터가 축적되는 대로 점차 해결될 문제이기 때문에 소비자 신뢰 상승효과는 충분히 기대할 수 있을 것이다.

멘토의 Tip ❼ T맵의 핵심 가치 생각해보기

주요 사업의 본질을 묻는 질문에 어떻게 대처할지 생각해봅시다.
면접에서 "당신은 T맵이 뭐라고 생각하는가?"라는 질문을 받았다고 가정해보겠습니다. 이에 "스마트폰 내비게이션"이라고 대답한다면 질문 의도와는 맞지 않을 것입니다. 이런 유형의 질문은 본질을 이해하는 힘이 있는지를 검증하려는 것입니다. 물론 정답은 없겠지만, 얼마나 공감을 유도하는지에 따라 강한 이미지를 전달할 수 있는 좋은 기회이기도 합니다. '내비게이션'보다는 '플랫폼', '플랫폼'보다는 '빅데이터', '빅데이터'보다는 '오운드 미디어Owned Media'가 더 본질에 다가가는 개념이 될 것 같습니다. 그렇다면 앞선 면접의 질문에, "오운드 미디어를 통한 스마트한 소비자와의 만남" 정도로 표현한다면 어떨까요? 이런 유형의 질문에 지혜롭게 답하려면 평소 관련 주제에 대한 전문가들의 글을 읽으면서 핵심 가치를 살펴보려는 노력이 중요합니다.

T전화, 편의성 극대화한 통화 플랫폼

T맵에 이어 향후 SK텔레콤의 주요한 성장동력이 될 수 있는 히트예 감 상품으로 'T전화'가 있다. T전화는 SK텔레콤이 2년의 연구개발 끝 에 이동통신 사업자 최초로 개발해 상용화한 통화 플랫폼이다. T전화 는 휴대폰의 본질적인 기능인 통화에다 편의성을 높이는 기능을 추가 해 SK텔레콤 가입자에게 통화 그 이상의 가치를 제공하고자 개발되 었다.

T전화는 SK텔레콤이 독자적으로 구축한 전화 데이터베이스 'T114' 를 기반으로 삼고 있다. 모르는 번호의 전화가 걸려올 경우 전화를 받 기 전에 상대방이 누구인지 미리 알 수 있게 하여 통화의 편의성을 높

였다. 또한 전화를 걸 때도 플랫폼 첫 화면에 자주 통화하는 대상 목록을 두어 한 번에 전화할 수 있도록 하는 등 다양한 편의성을 높인 상품이다.

그 밖에 특정 전화번호가 필요한 경우에도 T전화를 통한다면 T114에 보유된 100만 개의 전화번호 가운데 현재 위치에서 가까운 순서로 전화번호를 찾고, 이를 바로 T맵으로 연동해 길 안내 기능까지 한 번에 이용할 수도 있다. 이렇게 검색한 전화번호 및 상호는 네이버 등과 연동하여 검색과 관련된 추가 기능 및 지도서비스 등도 제공하도록 설계되어 있다. 아직 그 성공 여부가 판가름 나기에 이른 시점이긴 하지만 통신서비스업체가 최초로 제공하고 있는 통화 플랫폼으로서 성공 이후의 사업 확장 및 기존 통신산업과의 높은 시너지가 기대된다.

Fig 14

전화에서 할 수 있는 주요한 기능을 하나의 플랫폼에서 모두 제공하도록 설계된 'T전화'

자료: SK텔레콤

DB와 콘텐츠를 활용한 SK텔레콤의 플랫폼 비즈니스의 미래를 그려봅시다.

SK텔레콤은 2015년 5월 '직방'과 '배달통' 등 외부 서비스 제공자에게 API(Application Programming Interface)를 오픈하면서 개방형 통화 플랫폼 T전화 2.0을 출시했습니다. T전화가 처음 나왔을 때의 소비자 평가를 살펴보면 'T114 기능만으로도 나머지 미흡한 점이 다 용서된다'고 할 정도로 SK텔레콤이 보유하고 있는 DB의 저력이 유감없이 드러났습니다. SK텔레콤이 보유하고 있는 막대한 DB와 콘텐츠를 활용한 플랫폼 비즈니스가 어디까지 진화할 것인지에 대해 한번 생각해보기 바랍니다.

관련 자료 찾아보기 ❼
검색 키워드, '2015년 4월 SK텔레콤 기자간담회'

SK텔레콤의 '3·3·100' 전략에 대해 자세히 살펴보기 바랍니다. 2015년 4월, SK텔레콤의 CEO는 기자간담회를 통해 3대 플랫폼으로 3년 내 기업가치 100조 원을 달성하겠다는 비전을 제시했습니다. 3대 플랫폼으로는 생활가치, 통합미디어, 사물인터넷서비스 등을 꼽았습니다. 앞에서 계속 다뤘던 주제인 만큼 이제 익숙한 느낌이 들 것입니다. 그만큼 중요한 핵심 전략이므로 해당 언론 간담회 내용을 꼭 확인해보기 바랍니다. 중요한 점은 간담회에서 나온 키워드들입니다. 적어도 여기에서 거론된 용어들은 SK텔레콤 직원이라면 누구나 일상적 개념으로 이해하고 있어야 하니, 취준생 여러분들도 절대 놓치지 말기 바랍니다.

03

글로벌 이동통신시장을
장악한 리더들

주요 국가의 통신시장 구조

앞서 살펴본 대로 통신서비스는 기간산업이라는 성격과 정부의 규제 문제로 글로벌 경쟁이 상당히 제한적이라는 특성을 가지고 있다. 그러나 일본의 소프트뱅크가 미국의 스프린트를 인수하는 등 통신서비스의 글로벌화 및 해외시장 진출의 가능성은 적게나마 남아 있는 상황이다.

그렇다면 해외의 통신서비스시장은 어떨까. 한국뿐 아니라 미국, 영국, 독일, 일본, 중국 등 대부분의 국가들도 3~4개 사업자로 과점화되어 있는데, 이는 전국적으로 안정적인 서비스를 제공할 수 있는 기반을 만들어야 하기에 초기 투자비용은 높고 한계비용은 제한적인 통신서비스의 특성 때문이다. 특히 통신서비스시장은 가입자의 추가 확보로 인한 한계비용이 상당히 낮기 때문에 지배적인 사업자는 상대적으로 안정적인 수익을 낼 수 있으며 점유율이 낮은 사업자도 과잉경쟁을 하지 않는 구조에서는 안정적인 수익을 낼 수 있는 구조로 이루어져 있다.

2강 2약의 구도를 보이는 미국

미국의 경우를 살펴보면 버라이즌Verizon, AT&T, T모빌T- Mobile, 스프린트 이렇게 총 4개의 사업자가 있다. 상위 2개 이동통신사가 35% 수준의 점유율을 보이고 있고 하위 2개 이동통신사가 15%의 점유율을 보이고 있는 구조이다.

그 역사를 살펴보면 1982년까지 미국의 통신사업자는 AT&T의 독점시장 형태로 구성되어왔다. AT&T는 그레이엄 벨Alexander Graham Bell이 1879년 창립한 벨전화회사Bell Telephone company의 자회사이다. AT&T는 1950년대부터 지속적으로 독점금지법 위반 소송에 시달리다가 미국 연방통신위원회(FCC: Federal Communications Commission)에 의해 1984년 독점시장 제재를 명분으로 AT&T와 7개의 자회사인 베이비벨Baby Bell로 강제 분할되었다. 이후 연방통신위원회의 승인하에 AT&T와 베이비벨의 복잡한 인수합병이 이어졌다. 아메리테크Ameritech와 퍼시픽벨Pacific Bell, 사우스웨스턴벨Southwestern Bell이 SBC로 합병되었고, 이후 2005년 SBC가 모회사인 AT&T를 인수합병하면서 사명을 AT&T로 바꾸고 AT&T

를 계승했다. 그리고 2006년 3월에 AT&T가 싱귤러^{Cingular}의 공동주주인 벨사우스^{Bell South}를 합병하면서 초대형 통신업체로 재탄생했다.

AT&T와 함께 미국 무선통신시장에서 큰 점유율을 자랑하는 버라이즌의 모태 역시 베이비벨이다. 7개의 베이비벨 중 하나였던 벨아틀랜틱^{Bell Atlantic}이 1995년에 역시 베이비벨이었던 나이넥스^{NYNEX}를 합병하였고, 2000년 GTE 모빌넷^{GTE Mobilnet}, 2005년 MCI를 인수하여 오늘의 버라이즌이 된 것이다.

결국 초창기 AT&T를 모태로 한 버라이즌과 AT&T가 미국의 통신시장을 지배하고 있는 셈이다. 미국 대부분의 대형 시장을 양분하고 있다고 할 수 있을 만큼 이들 두 회사의 수익성은 상당히 우수하다. 2013년을 기준으로 버라이즌과 AT&T의 영업이익률은 각각 26.5% 및 23.7%를 기록했으나, 2014년에는 경쟁 심화로 인해 양사가 각각 15.4% 및 8.9%로 크게 하락하였다. 그러나 이와 같은 수준은 3위와 4위 업체인 티모빌(4.8%)과 스프린트의 적자를 크게 상회하는 것이며, 2015년 이후에 버라이즌은 다시 20% 이상의 영업이익률을 회복할 것으로 시장에서 기대하고 있다. AT&T도 이에 미치지는 못하지만 17%대의 영업이익률을 보일 수 있을 것으로 전망하고 있어 시장에서 상당히 안정적인 입지를 가지고 있다고 평가할 수 있다.

미국 통신사업자 점유율 – 버라이즌과 AT&T가 주도하고 있는 미국의 통신서비스시장

(단위: 백만 명, 2014년 말 기준)

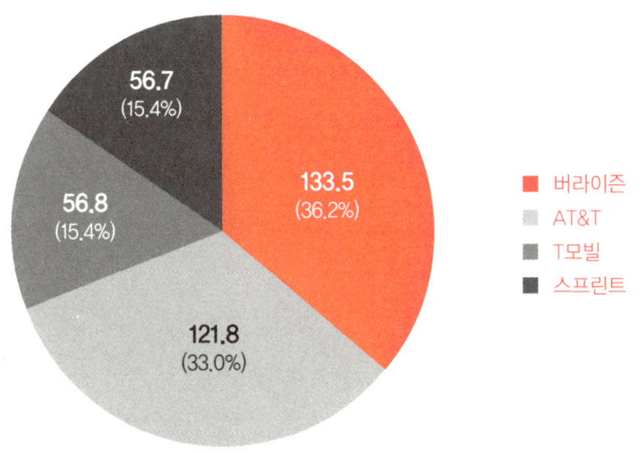

자료: Strategy Analytics

멘토의 Tip ⑨ 　　　미국 이동통신사들의 경쟁 구도 살펴보기

미국 이동통신사들이 경쟁력을 높이기 위해 내놓은 서비스들을 살펴봅시다.

미국 이동통신시장은 사업자 간 경쟁도 치열해서 다양한 요금제뿐만 아니라 차별화된 데이터서비스 시스템을 적극 도입하고 있습니다. 한 예로 2014년 1월 AT&A는 '스폰서 데이터'라는 서비스를 도입했습니다. 이동통신사와 모바일서비스 사업자 간 제휴를 통해 소비자의 콘텐츠 이용료를 대신 부담하는 것입니다. 공식 용어로는 '유료 피어링Paid-Peering'이라고 합니다. SK텔레콤도 2013년에 GS홈쇼핑과 제휴한 '기업과금데이터서비스'를 선보인 적이 있습니다. 조사에 따르면 사용자가 이런 서비스들을 찾아보기 위

해 기업사이트에 더 오래 머무는 것으로 파악되었습니다. 이에 '11번가', '티켓몬스터' 등으로 제휴 폭을 넓힌 바 있습니다. 한정된 국내시장의 파이를 놓고 대결하는 미국 이동통신사들의 경쟁 구도를 간략하게 살펴보며 그들의 전략을 참고해보기 바랍니다.

관련 자료 찾아보기 ❽
검색 키워드, '망중립성'

2003년 미국 컬럼비아대학교의 법대 교수인 팀 우Tim Wu는 비차별, 상호 접속, 접근성 등의 3원칙을 담은 '망중립성Net neutrality'이라는 용어를 만들었습니다. 이는 오픈 인터넷이라는 지식정보사회가 지향하는 가치와도 일맥상통합니다. 하지만 점점 치열해지고 있는 모바일 생태계는 이런 망중립성을 부분적으로 훼손하기도 합니다. 대표적인 예가 2014년 4월 미국 최대 온라인 동영상 기업인 넷플릭스Netflix가 버라이즌에 속도 개선을 대가로 일종의 '통행료'를 내겠다는 협약을 체결한 것입니다. 통신사는 그동안 이해관계상 망중립성에 반대하는 편에 서 있었지만 모바일 콘텐츠 사업자도 수익 창출을 위해 같은 입장으로 선회하고 있는 것입니다. 이런 변화에 대해 미국이나 우리나라 정부 모두 분명한 입장을 내놓고 있지는 않지만 대세를 전면 부정하기는 어려운 상황인 것 같습니다. 미국에서 촉발되고 있는 망중립성의 부분 해제가 SK텔레콤에게는 어떤 시사점이 있는지 생각의 여지가 큰 주제입니다.

차이나모바일이 절대적인 지배력을 보이는 중국

중국은 차이나모바일China Mobile, 차이나유니콤China Unicom, 차이나텔레콤China Telecom이 있어 미국보다 1개 적은 3개 사업자 구조이다. 모바일 가입자 기준으로는 차이나모바일이 1위 사업자지만 유선까지 포함했을 경우에는 차이나텔레콤이 가장 오래된 사업자다.

1999년 2월 중국 국무부가 통신시장의 구조조정을 승인함에 따라 차이나텔레콤은 세 파트로 분리되었다. 신新차이나텔레콤이 유선사업을, 차이나모바일과 차이나세트콤China Satcom이 휴대전화와 위성통신서비스사업을 담당하게 된 것이다. 더불어 1999~2000년 사이에 차이나넷콤China Netcom, 차이나레일콤China Railcom, 지통Jitong 등 3개 통신사가 새롭게 설립되었다.

이어 2002년에도 시장 효율성 극대화를 목적으로 하는 구조 변화가 단행되었는데, 같은 시기 차이나텔레콤은 지역을 기준으로 북부 지점과 남부 지점으로 분리되었다. 이후 북부 지점 차이나텔레콤, 차이나넷콤, 지통이 합병되면서 중국의 통신시장은 차이나텔레콤, 차이나모바일, 차이나유니콤, 차이나넷콤, 차이나세트콤, 차이나티에통China Tietong 등 6개 기업으로 구성되었다.

지속되는 통신시장의 구조 변화와 신규기업들의 시장 진입에도 불구하고 차이나모바일의 모바일 시장점유율은 절대적인 수준으로 커져갔다. 이에 2008년 5월 중국 정부는 다시 한 번 통신시장의 구조 개혁을 추진하였다. 차이나모바일은 상대적으로 규모가 작았던 유선통신 기업인 차이나티에통과 합병되었고, 차이나텔레콤은 차이나유니콤의 CDMA 네트워크사업을 인수, 차이나유니콤의 나머지는 차이나넷콤과 합병되어 현재의 3사 경쟁 구조가 만들어졌다. 그리고 2009년 1월 6일 차이나유니콤과 차이나넷콤이 새로운 차이나유니콤으로 최종 합병되면서 현재의 경쟁 구도가 완성되었다.

이들 3개 사업자도 모두 안정적인 영업이익률을 보이고 있다. 물론 미국보다는 영업이익률 수준이 7~8%로 낮긴 하지만 유선사업이 있는 것 등을 감안하면 상당히 양호한 수익성을 유지하고 있다고 판단할 수 있다.

중국 통신서비스 연간 누적 가입자 추이 – 중국 전체 통신시장도 2014년부터는 성장세 둔화 국면 진입

(단위: 백만 명, 2014년 말 기준)

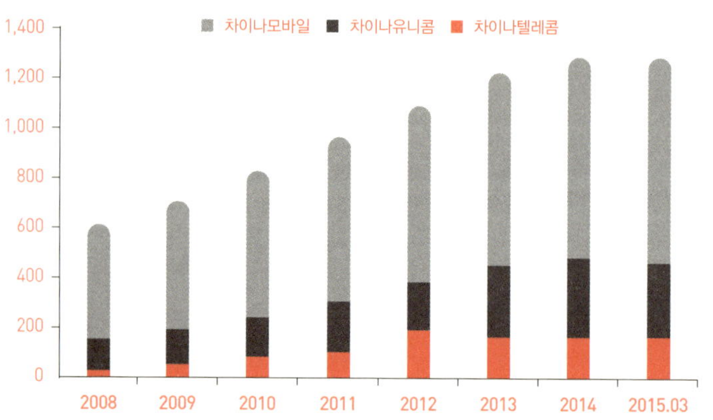

자료: 각 사

중국 통신사업자 점유율 – 중국 통신시장은 차이나모바일이 독보적인 점유율 보여

(단위: 백만 명, 2014년 말 기준)

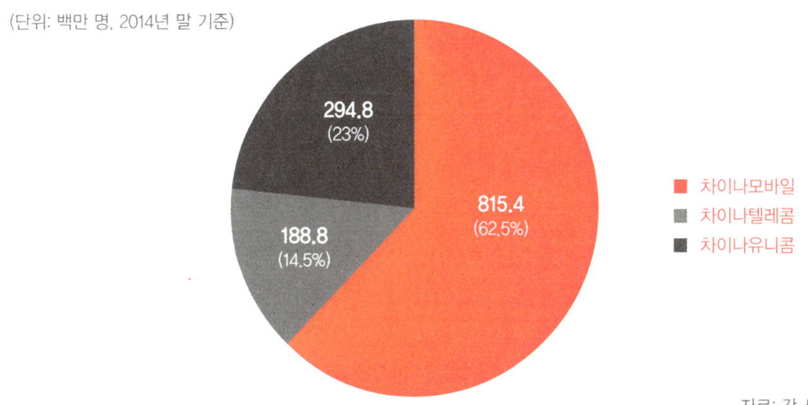

자료: 각 사

차이나텔레콤에서 시작된 중국의 통신 3사 구도

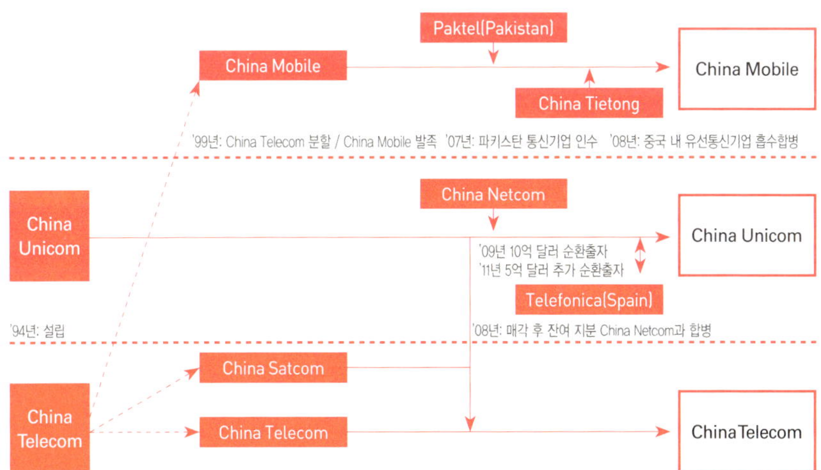

 **글로벌 통신장비 제조사와 통신사가 관심 갖는 LTE시장을 체크해 봅시다.**

　중국의 이동통신시장과 관련해서는 'LTE-TDD'라는 단어도 함께 챙겨보기 바랍니다. 우리가 흔히 알고 있는 LTE는 기술방식에 따라 FDD(Frequency Division Duplex)와 TDD(Time Division Duplex)로 나눕니다. 보통 LTE-FDD는 음성통화에 LTE-TDD는 데이터 처리에 비교우위가 있습니다. 국내를 포함해 전 세계 통신사의 90%는 LTE-FDD 방식을 채택하고 있습니다. 그런데 가입자 7억 명을 보유하고 있는 세계 1위 차이나모바일이 2013년 말에 LTE-TDD을 공식 출시하면서 동 방식에 대한 국제적인 관심도 높아지고 있습니다. 인도 최대 통신사인 바티에어텔Bharti Airtel도 이 방식을 선택했습니다. 중국과 인도의 25억 명 시장이 열리면서 세계 통신장비 제조사와 통신사 모두 촉각을 세우고 있는 만큼 글로벌 LTE시장의 트렌드를 잘 살펴보기 바랍니다.

**관련 자료 찾아보기 ⑨
검색 키워드, 'LTE 방식'** 

　'LTE 방식'을 키워드로 해서 4G 관련 통신방식의 이해, 중국의 LTE-TDD 도입 추세, 국내 와이브로 서비스의 TDD 전환 논의 등의 내용을 탐색해보기 바랍니다.

10개 이상이던 업체들이 정리되며 안정 찾은 일본

일본의 통신시장은 1952년까지 정부기관인 우정성(현 총무성)의 독점시장 형태로 운영되어왔다. 1952년 우정성이 공기업인 NTT로 변경되면서 NTT가 일본 내 통신시장을 독점하게 되었고, 동 기간 정부의 규제 아래 사업을 영위하던 KDD는 국제전화 등 해외 관련 통신시장을 독점하였다. 1985년 일본 정부는 NTT에 자치권을 부여하기 위하여 통신법을 제정하였는데, 제정 이후 NTT 민영화와 함께 일본 통신시장에 경쟁이 시작되었다. 1986년 일본의 우정성이 신규 통신사업자에 사업 권한을 부여하기로 결정하면서 신규 경쟁사가 시장에 진입하기 시작한 것이다. 이에 따라 일본의 통신시장 구조는 독점시장에서 복점시장Duopoly으로 바뀌었다. 또한 1993년 디지털서비스가 시작되면서 다른 사업자들에게도 사업 권한을 부여함에 따라 사업자는 더욱 많아지고 복잡해졌다.

이후 경쟁력 제고 및 시장 안정화를 위해 기업들 간에 합병이 이루어졌다. 이러한 합병을 통해서 만들어진 사업자가 KDDI이다. KDDI는 2000년 11월 1일 DDI, KDD, IDO가 합병되며 설립된 기업으로 'Au by KDDI(KDDI Au)'라는 브랜드명 아래 통신서비스사업을 영위하고 있다. KDD는 1950년 초 통신사업을 시작했는데, 통신법이 제정되었던 1985년 이후 본격적으로 성장하기 시작했다. 이후 2년 동안 DDI와 IDO가 통신시장에 진입하였고, 1988년 IDO가 출시한 휴대전화서비스는 KDDI를 구성하고 있는 기업 중에 최초로 선보인 이동통신서비스이다. 1998년 KDD와 텔레웨이Teleway의 합병을 시작으로 2000년에 KDDI라는 이름 아래 3개의 회사가 합병되었다. 이후 IDO와 함께 CDMAOne 연구 사업을 하던 셀룰러그룹의 지점들이 'Au Corporation' 으로 합쳐지면서 KDDI와 합병되었다. 합병을 통해 함께 인수된 CDMAOne 네트워크사업이 'Au by KDDI'로 변경된 것이다. KDDI Au 는 이후 2003년에 3G 네트워크사업을 시작했으며, 기존에 KDDI그룹 에서 운영하던 CDMAOne서비스를 대체하는 등 KDDI를 중심으로 일 본 내 많은 통신사업자가 정리되었다.

관련 자료 찾아보기 ⑩
검색 키워드, '일본 이동통신사 O2O 전략'

'일본 이동통신사 O2O(Online to Offline) 전략'을 키워드로 관련 내용을 정 리해보기 바랍니다. 참고로 NTT도코모NTT Docomo는 '샵플랫폼shoplat.net', KDDI 는 'au스마트패스', 소프트뱅크는 '아이비콘iBeacon' 기술을 응용한 '4D Pocket' 이란 이름으로 O2O 플랫폼 전략을 각각 추진하고 있습니다. SK텔레콤의 플랫폼 전략에 어떤 시사점이 있는지 살펴보기 바랍니다.

더불어 글로벌 IT 기업들의 플랫폼 전략과 시장 생태계에 대해 기본적인 윤곽을 한번 정리해보기 바랍니다. 주요 기업들의 동향에 대해 이해도가 높 을수록 면접 질문에 대한 대답의 질도 높아질 것입니다. 특히 이런 학습은 SK텔레콤 한 기업에만 국한되는 것이 아니라 IT 제조업 등에서도 얼마든지 적용되므로 절대 헛되지 않을 것입니다.

일본 통신서비스 연간 누적 가입자 추이 – 성숙된 시장임에도 꾸준한 가입자 증가세를 이어오고 있는 것이 특징

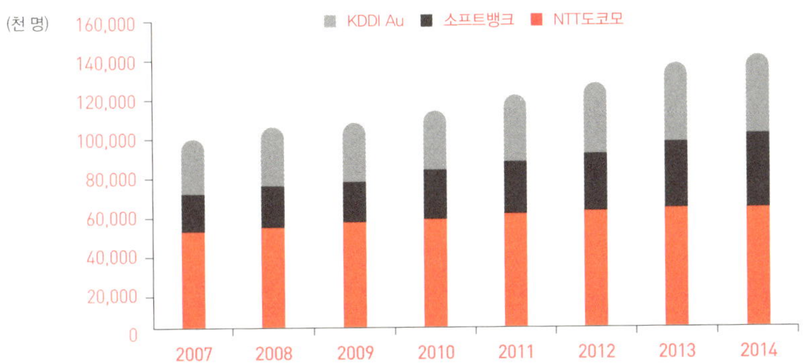

주: KDDI Au의 경우 매년 3월을 기준으로 데이터를 제공함

자료: 각 사

일본 통신사업자 점유율 – NTT도코모가 1위 사업자임에도 상대적으로 지배력이 약해

(단위: 백만 명, 2014년 3월 기준)

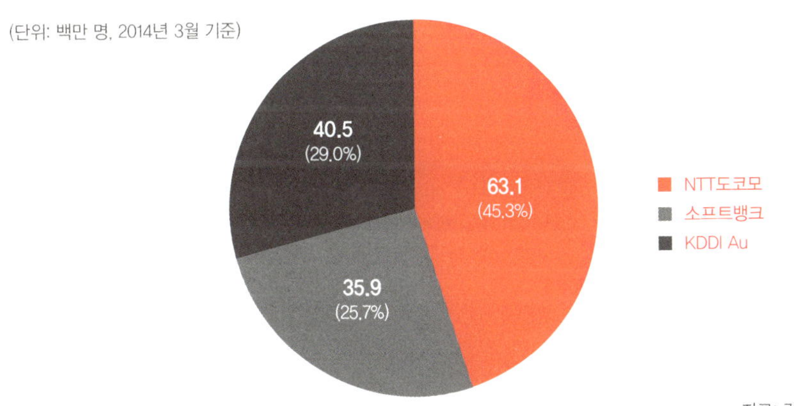

자료: 각 사

3위 사업자인 소프트뱅크의 약진을 주목하라

NTT는 1985년 통신시장 규제 완화 이후 민영화되었다. 이후 독점기업으로 보이지 않기 위해서 동NTT, 서NTT 등으로 분할하였으나 최종적으로는 NTT그룹을 형성하여 1위 사업자의 지위를 유지하고 있다. 1981년 재팬텔레콤Japan Telecom에서 파생된 디지털폰Digital Phone으로 설립되어 제이폰J-Phone과 보다폰재팬 KK Vodafone Japan KK를 거쳐 소프트뱅크에 인수됐다.

소프트뱅크에 인수된 소프트뱅크 모바일은 시장점유율로는 3위 사업자이지만 성숙된 일본 통신서비스시장에서 최근 높은 성장세를 보이며 주목받고 있다. 소프트뱅크는 2006년에 인수합병을 완료한 이후에 2008년 애플로부터 일본 내 독점판매권을 확보하고 3년에 걸쳐 아이폰 3, 3S, 4를 독점적으로 판매하면서 아이폰의 인기에 힘입어 빠른 성장률을 보였다. 이제는 2위 사업자인 KDDI에 크게 뒤지지 않으며 표면적으로만 3위 사업자이지 실질적으로는 2위 사업자의 자리를 차지하고 있다.

일본 통신서비스시장은 가입자 규모 면에서는 1억 4,500만 명으로 중국 가입자의 10% 수준에 불과하다. 그러나 월간 1인당 사용 금액이 4,500엔 수준으로 상당히 높아, 전체 통신시장 규모에서 보면 1,450만 달러로 중국의 1,613만 달러에 육박하는 큰 시장을 형성하고 있다. 영업이익 규모는 오히려 220억 달러로 194억 달러의 중국을 상회한다. 2014년을 기준으로 영업이익률도 3사 모두 10%를 상회하고 있어 한국 및 중국보다 더 높은 수익성을 보이는 시장으로 평가된다.

10개 이상의 업체가 현재의 3개 업체로 정리되어온 일본 통신서비스시장 구도

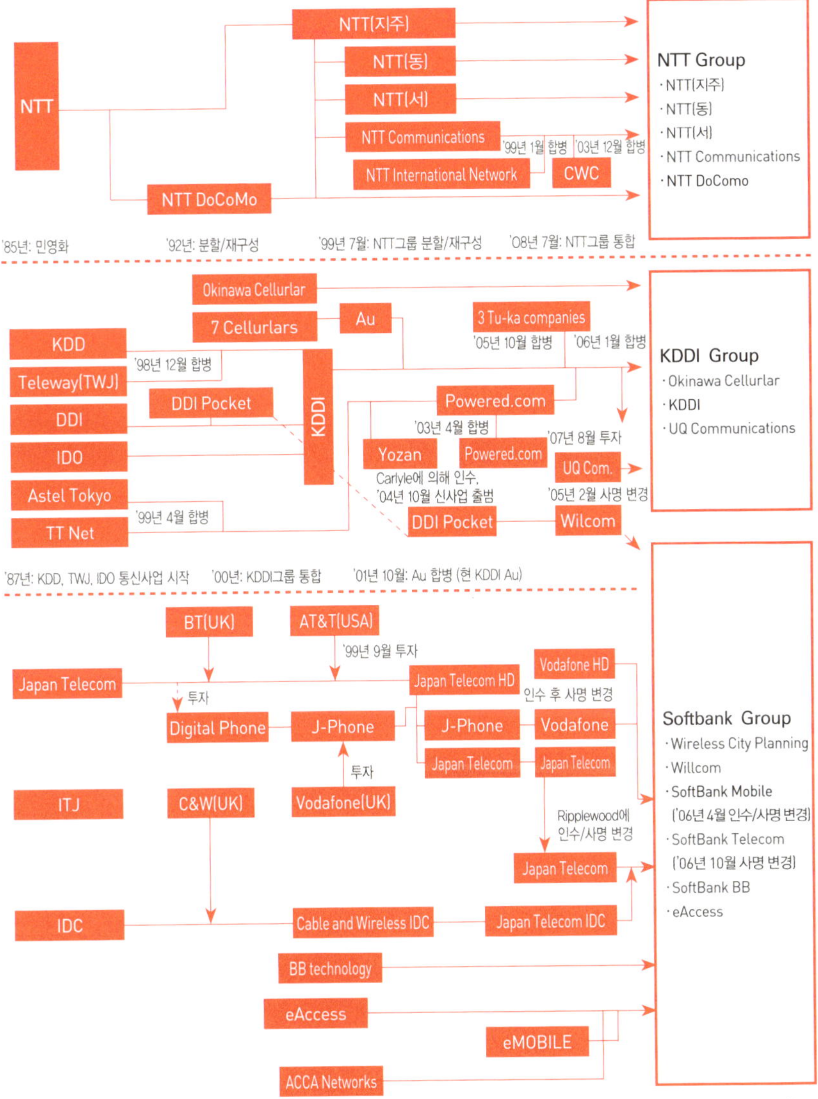

자료: 일본 총무성

동북아 3국의 통신 경쟁자원 요소 비교 – 동북아 3국 중에서 LTE 기반의 성장 기대를 남겨놓고 있는 중국 시장이 상대적으로 더 매력적

		한국		일본		중국	
성장성(%)	인구 대비 휴대폰 보급률	92.4		95.1		93.2	
	인구 대비 스마트폰 보급률	80.0		46.2		70.2	
	국민소득 대비 연간ARPU	1.45		1.18		1.56	
LTE 도입	도입시기	2011.07.01		2010.12.24		2013.12.18	
	도입률(%)	65.6		34.8		18.8	
정부 규제강도	사업허가	허가제		허가제		허가제	
	요금 관여 정도	SK텔레콤 인가/ KT 및 LG유플러스 신고		신고		신고	
시장 규모 (USD m)	전체 통신시장 규모	47,321		145,029		161,322	
	전체 영업이익 규모	1,935		21,991		19,443	
경쟁강도 (가입자 기준. %)	1위 사업자	SK텔레콤	50	NTT도코모	45	차이나모바일	63
	2위 사업자	KT	29	KDDI Au	29	차이나유니콤	23
	3위 사업자	LG유플러스	21	소프트뱅크	26	차이나텔레콤	15

멘토의 Tip ⑪ — 소프트뱅크의 행보 살펴보기

소프트뱅크의 행보와 시사점을 정리해봅시다.

일본 이동통신시장에서 주목할 부분은 소프트뱅크의 행보입니다. 2008년 아이폰을 독점 공급하면서 기존 3강 체제를 무너뜨린 회사가 바로 소프트뱅크입니다. 사실 2009년에 KT도 아이폰을 처음 국내에 도입하면서 부동의 1위인 SK텔레콤의 아성에 도전했습니다만 일본 같은 결과를 만들어내지 못했습니다. 후발 주자였던 소프트뱅크가 어떻게 자국시장의 경쟁 구도를 바꾸고 세계 3위 이동통신사로 등극했는지, 그 행보와 시사점을 정리해보기 바랍니다.

'일본 이동통신시장', '소프트뱅크 전략' 등을 키워드로 최근 10년간 있었던 일본의 이동통신시장 변화와 소프트뱅크의 활약상을 탐색해보기 바랍니다. 특히 소프트뱅크는 스타트업 투자로 유명합니다. 국내 이동통신사들도 스타트업 투자에 대한 관심이 높다는 평가입니다. '이동통신사 스타트업 투자'를 키워드로 SK텔레콤의 스타트업 투자 프로그램도 함께 체크해보기 바랍니다.

가장 가까운 곳에서 고객을 만나는 유통 채널

직영점과 대리점 구조

이동통신 가입자를 모집하거나 기기변경 등록을 해주는 유통 채널은 직영점, 대리점 그리고 판매점으로 분류된다. 직영점은 말 그대로 이동통신업체가 직접 보유하며 관리하는 매장이고 근무하는 직원도 거의 대부분 이동통신업체 직원이다.

SK텔레콤의 경우에는 SK텔레콤이 직접 직영점을 관리하지 않고 효율성 제고를 위해서 100% 자회사 피에스앤마케팅PS&Marketing이라는 회사를 통해서 직영점을 운영하는 형태이다. 대리점은 외부적으로 볼 때 SK텔레콤 매장처럼 보이기 때문에 직영점과의 차이점을 찾을 수 없지만 SK텔레콤 소유가 아닌 개인이 SK텔레콤으로부터 허가를 받아서 운영하는 방식이다. 개인이 소유하고 있긴 하지만 타 이동통신사의 영업은 하지 않고 SK텔레콤 관련된 영업 활동만 하는 매장이다.

마지막으로 판매점은 SK텔레콤뿐 아니라 KT 및 LG유플러스를 포함해 중복으로 영업을 하는 매장이다. 직영점은 SK텔레콤이 자회사를 통해서 직접 운영하기 때문에 직원들에게는 월급을 지급하고 매장 운영비 등은 회사가 전부 지불한다. 반면에 대리점은 SK텔레콤 영업만 하지만 대리점 점주가 비용을 지불하고 수익을 챙겨가는 방식이기 때문에 대리점이 유치한 고객의 요금 중 일부(5~8%)를 일정기간 유치 장려금 등의 명목으로 지불해준다. 판매점은 가입자당 판매수수료를 일시불로 받는 형태이다. 리베이트라고 불리는 이 판매수수료가 페이백Payback(휴대폰 구매 후 일부 금액을 되돌려주는 방식의 마케팅)이라는 형태로 지급되기도 하는 것이다.

SK텔레콤은 약 3,700개의 직영점과 대리점을 보유하고 있다. 경쟁업체인 KT 및 LG유플러스가 각각 2,500개 내외의 대리점 및 직영점을 보유하고 있는 것에 비해서는 상당히 많은 수준이다. 직영점 및 대리점의 점유율은 40%대 초반으로 전체 가입자 점유율이 50%에 육박하는 것에 비해서는 낮은 수준이지만 SK텔레콤이 50% 이상의 점유율을 꾸준히 지키고 있다는 것은 유통망에서도 경쟁우위가 있다고 생각할 수 있다.

판매점은 실질적인 매장이 있는 곳부터 인터넷을 통한 1인 영업까지 형태가 다양하기 때문에 그 숫자가 정확하게 파악되진 않지만 약 3만 개에 달하는 판매점이 있는 것으로 파악되고 있다. 이는 단유법 시행 이후 크게 축소된 숫자이다.

 **롯데하이마트의 단말기 유통시장 진입에 따른 SK텔레콤의 대응 전략을 생각해봅시다.**

휴대전화 단말기 유통시장에 롯데하이마트가 본격적으로 뛰어들면서 기존 통신 3사와의 정면 대결이 불가피해졌습니다. 국내 최대 전자제품 양판점인 롯데하이마트가 2015년 7월 전국 주요 매장에 휴대전화 및 액세서리 코너를 전면에 배치한다고 발표했기 때문입니다. 단유법 시행으로 제휴카드 할인, 전 품목 전시 등과 같은 롯데하이마트만의 비교우위로 경쟁해보겠다는 전략입니다.

면접장에서 롯데하이마트의 전략에 대한 SK텔레콤의 대응 전략을 언제든 체크해볼 수 있으므로 이런 최신 이슈에 대한 분석 기사나 전문가 의견을 참고하여 자신만의 아이디어를 미리 정리해두기 바랍니다.

관련 자료 찾아보기 ⑫
검색 키워드, '롯데하이마트의 매장 전략' 

하이마트의 매장 전략을 구체적으로 정리해보기 바랍니다. 또한 카드할인과 단말기, 액세서리 라인업에서 상당한 강점이 있다면 이 부분에 대해 SK텔레콤으로서는 어떤 전략으로 대응할 수 있는지 고민해봐야 합니다. 당장의 대응책으로는 직영점 확대를 통한 상담의 질 높이기, 체험의 다양화, 그리고 고급화 전략이 거론될 수 있을 것입니다. 다만, 면접의 상황을 가정해본다면 이런 큰 전략의 줄기 속에서 구체적으로 어떤 방법들이 있을지를 잘 모색해봐야 합니다.

세일즈의 품격을 높여라

단유법이 시행되기 이전에는 가입자가 이동통신사를 선정할 때 가장 우선되던 기준이 보조금이었다. 높은 가격의 단말기에 얼마나 많은 보조금을 주는지 여부가 어떤 통신사를 선택할지의 주요한 선택 요인이었던 것이다. 그러나 단유법이 시행되고 난 이후에는 이와 같은 차별적인 단말기 보조금이 불가능한 상황이 되었다. 때문에 게릴라성으로 높은 단말기 보조금을 짧은 시간에 지급했다가 다시 줄이는 방식이 용이해졌고 이런 방식에서 판매점은 경쟁우위가 낮아지게 됐다.

특히 3사가 모두 보조금 경쟁에 뛰어들어 경쟁이 과열되는 상황에서는 3사 제품을 모두 판매하는 판매점의 경우, 더 좋은 조건을 비교하여 객관적으로 가입자 모집을 할 수 있어 오히려 한 회사 가입자 모

SK텔레콤 상품만 취급하는 직영점 또는 대리점

자료: SK텔레콤

3사 상품을 모두 취급하는 판매점

자료: 산업 자료

집만 가능한 대리점이나 직영점보다 경쟁우위가 있었다.

그러나 단유법이 시행되면서 보조금의 차별화가 가능해지지 않은 상황에서는 요금할인 정보 및 결합상품 상담 등 좀 더 복잡한 상담과 서비스가 요구되고 있다. 이는 대리점 및 직영점이 영업 면에서 판매점보다 경쟁우위를 보이고 있기 때문에, 앞으로 판매점 유통 채널은 감소하고 대리점 및 직영점은 증가하게 될 것으로 보인다.

 **단유법 이후 이전보다 역할이 중요해진 직영점과 대리점의 매장 차별화 방법에 대해 생각해봅시다.**

휴대폰 판매의 헤게모니를 쥐고 있는 쪽은 삼성전자나 LG전자 같은 제조사가 아니라 유통망을 보유하고 있는 이동통신사입니다. 이동통신사들은 제조사로부터 휴대폰 단말기를 대량으로 구매한 뒤 이를 직영점과 대리점으로 내려 보내고 판매점도 이들 물량을 함께 소화하는 구조입니다. 제조사 입장에서는 유통에 대한 비용과 재고 부담을 크게 줄일 수 있기 때문에 이동통신사와 공조 관계를 배척할 이유가 없습니다. 2014년 여름, 삼성전자가 '이동통신사판 카톡'으로 불리는 조인 블랙버드Joyn Blackbird를 스마트폰에 탑재하기로 한 것도 이동통신사의 이해관계를 반영한 결과로 평가됩니다. 그만큼 유통 채널망은 이동통신사에겐 잠재적인 가치가 큰 자산입니다. 하지만 단유법 시행으로 유통 매장에 새로운 전략이 요구된다는 전문가 지적이 많아지고 있습니다. 만일 면접에서 "단유법 이후 매장 차별화 방법에 대해 말해보시오"라는 질문이 나오면 어떻게 답할지 미리 고민해보기 바랍니다.

관련 자료 찾아보기 ⑬
검색 키워드, '이동통신사 유통 채널 전략'

'이동통신사 유통 채널 전략'과 관련된 동향들을 먼저 살펴보기 바랍니다. 보조금 경쟁이 사라진 자리를 무엇으로 채울지 각 통신사마다 전략이 본격화되고 있습니다. 키워드로 보면 '체험형', '서비스 제안형', '고객서비스 센터' 등의 용어가 눈에 띕니다. 특히 애플이 프리스비Frisbee, 에이샵Ashop 같은 국내 대형 유통업체와 손잡고 자체 유통망을 확대하는 것을 보면 이동통신 사의 유통 채널 독점구조도 서서히 막을 내리는 모습처럼 보입니다. 통신 시장의 환경 변화와 유통 채널의 변화 관점에서 관련 동향을 정리하고 시 사점을 정리해보기 바랍니다.

05

기술의 진화와
시장의 변화

LTE가 가져온 데이터 혁명

1988년 SK텔레콤(당시 한국이동통신주식회사)이 이동통신서비스를 처음으로 개시한 이후 25년이 넘는 시간이 흐르는 동안 이동통신시장은 무수히 많은 진화와 변화를 거쳤다. 아날로그 방식의 서비스에서 디지털 CDMA 방식의 서비스로 진화하면서 가입자는 10배 이상 큰 폭으로 증가했다. 디지털 CDMA 방식은 아날로그 방식보다 통신망을 구축하는 과정에서 기초 투자비용만 70% 가까이 절감할 수 있기 때문에 대규모 가입자 유치가 가능했다. 덕분에 이동통신서비스는 누구나 저렴한 비용으로 안정적인 품질을 누릴 수 있는 상품이 되었다.

기존 유선통신 고객을 이동통신시장으로 끌어모은 이후 이동통신시장은 성장의 중심이 데이터 통신으로 이동되었다. 기존 CDMA 방식보다 더 많은 데이터를 더 빨리 전송할 수 있는 3세대 이동전화 시스템이 도입됐지만, 이는 CDMA 도입에 비해서는 실패한 것으로 판단된다. 무선데이터 통신이 크게 필요한 수요가 없었고, 소비자들은 대부분 통화로만 주요하게 이 망을 활용했기 때문에 이전보다 더 빠른 무선통신망을 구축하여 얻는 효용이 낮았다. 이후 애플이 아이폰을 출시하면서부터 대규모 무선데이터 통신망이 요구되었고 비로소 3세대 이동통신망이 제대로 활용되기 시작했다.

그러나 스마트폰이 널리 사용되는 상황에서 3세대 이동통신망의 속도는 충분하지 못했고 사용자는 느린 망 속도에 상당히 불편할 수밖에 없었다. 이를 해결해준 것이 최근에 널리 사용되고 있는 4세대 이동통신망인 LTE망이다. 이 LTE망은 소비자가 스마트폰을 사용할 때 불편함을 느끼지 않을 만큼 충분한 속도를 제공할 뿐 아니라 여러 채널을 하나의 채널로 통합할 수 있는 캐리어 어그리게이션(CA: Carrier Aggregation) 기술이 적용되어 전체 채널을 더욱 효율적으로 사용할 수 있다. 그뿐만 아니라 기지국 간에 간섭현상도 줄일 수 있어 3세대 이동통신망보다 훨씬 촘촘하게 기지국을 설치할 수 있다. 이로써 실질적으로 소비자에게 제공할 수 있는 데이터 전송 속도가 수백 배 빨라져 모바일 관련 새로운 산업이 급속도로 성장했다.

가장 눈에 띄는 변화는 모바일 콘텐츠의 사용 증가일 것이다. 모바일 콘텐츠는 크게 두 가지가 있는데 하나는 영화 및 드라마 같은 동영상이고 또 하나는 게임이다. 3세대 때만 하더라도 명목상의 데이터 무제한 요금제가 있었지만 내가 원하는 고화질 동영상을 볼 수 있는 데이터 속도가 지원되지 않아서 스마트폰으로 동영상을 맘껏 시청할 수가 없었다. 게임의 경우 스마트폰의 데이터 처리 속도도 부족했지만 망에서 데이터를 전송해주는 속도도 충분하지 않아 대용량 데이터가 이동해야 하는 게임은 활성화될 수 없었다.

그러나 4세대 LTE망이 활성화되면서 스마트폰으로 동영상을 시청하는 수요가 크게 증가하였다. 2014년 4월에 LTE 무제한 요금제가 도입되면서부터는 LTE 사용자당 데이터 사용량이 3GB(GigaByte)로 급속한 증가세를 보였다. 2015년 5월에는 통신 3사가 데이터중심요금제를 출시했으므로 앞으로 데이터가 더 저렴하게 공급됨에 따라 데이터 사용량은 더욱 증가될 것으로 전망된다. 앞으로는 그 밖에 이와 관련해 다양한 서비스가 새롭게 나타나기 시작할 것이다.

관련 자료 찾아보기 ⑭
검색 키워드, 'LTE 기술'

LTE가 4세대로 진화해오면서 관련 기술들도 함께 발전해왔습니다. 각 세대별 관련 기술과 특징 정도는 정확히 파악해두기 바랍니다. 'LTE 기술'을 키워드로 관련 내용들을 자세히 살펴보세요. 기술 동향에 대한 내용은 복수의 자료를 활용할 때 정확성과 이해도를 보다 높일 수 있습니다. 같은 주제에 대한 글이더라도 3~4개 정도의 자료를 함께 참고하기 바랍니다.

통신시장 변화의 열쇠를 쥔 미디어시장

통신시장에 영향을 가장 많이 주는 외부 환경은 미디어시장의 변화일 수 있다. 4세대 이동통신망인 LTE망은 소비자들이 원하는 만큼의 데이터를 제공할 수 있을 정도로 전국적으로 안정적인 네트워크망을 구축했으나, 한편으로는 그만큼 데이터의 수요가 충분치 않은 것이 문제로 지적되기도 했다. 이와 같은 데이터 수요를 자극할 수 있는 것은 콘텐츠일 것이다.

모바일 이동통신의 데이터 사용량 증가 관점에서 보면 콘텐츠의 변화는 크게 두 가지이다. 하나는 스마트폰에 맞는 콘텐츠 제공이다. 이제 우리는 일상에서 스마트폰으로 자투리 시간을 활용하여 동영상을 시청할 수 있게 되었다. 이동 중 지하철에서, 또는 약속 시간에 일찍 도착했다면 남는 시간 등을 활용하여 동영상 시청이 가능해졌다. 그러나 아직까지 제공되는 동영상의 대부분은 영화나 드라마 같이 1시간 또는 2시간짜리 콘텐츠가 대부분이다. 물론 유투브Youtube 등에서 5~10분짜리 동영상이 많이 제공되고 있고 이 같은 수요가 증가하고 있지만 화질 및 내용 면에서 질 높은 콘텐츠는 아직 부족하다고 판단된다. 따라서 향후에 기존 1시간 또는 2시간짜리 동영상을 10분 단위로 쪼개거나 애초부터 모바일에 적합한 동영상을 따로 제작할 수도 있을 것으로 본다.

또 하나 기대할 수 있는 것은 동영상의 영상 품질 향상이다. 동영상의 품질은 크게 두 가지로 나눌 수 있다. 하나는 공간적인 품질이고 또

다른 하나는 시간적인 품질이다. 공간적인 품질은 화소수로 나타낸다. 얼마나 많은 화소로 화면을 구성하느냐에 따라서 고품질 또는 저품질의 동영상으로 분류할 수 있다. 현재 제공되는 고품질의 동영상은 200만 화소의 Full HD급 화질인데 이는 점차 4배 더 선명한 UHD급으로 올라갈 것이다. 아직은 국내 지상파에서는 UHD 방송을 의미 있게 제작하고 있지 않지만 700MHz 대역의 주파수를 할당받아서 UHD 방송을 전국적으로 송출할 수 있는 여건이 되면 UHD 방송 제작이 활성화될 것으로 기대된다. 그렇게 되면 소비자는 UHD 방송을 보기 위해서 Full HD 방송일 때보다 4배 더 많은 데이터를 소진해야 한다. 현재 LTE 기준으로 통신 3사 모두 현재보다 3~4배의 데이터를 더 전송할 수 있는 용량을 미리 확보하고 있기 때문에 데이터 사용량이 증가하면 증가할수록 이동통신사의 수익은 더욱 좋아질 것이다.

더 선명한 동영상을 더 빠르게

공간적인 화소수를 증가하는 것 외에 시간적인 압축을 줄이는 화질 개선도 있다. 동영상은 기본적으로 정지영상을 연속적으로 보여주는 것이기 때문에 그 용량이 엄청나게 크다. 이 엄청난 데이터 양을 시간적으로 줄이는 것이 동영상 압축인데, 압축을 많이 하면 할수록 움직임의 화질은 나빠질 수밖에 없다. 극심하게 움직이는 동영상의 경우 모자이크처럼 순간적으로 화면이 깨지는 것이 압축을 과도하게 했을 때 나타나는 현상이다. 이와 같은 현상을 줄이기 위해서는 데이터 압축률을 낮춰야 하는데, 이럴 경우 결국 전송해야 하는 데이터 양이 증가한다. 소비자들이 압축을 낮게 한 화질에 점점 익숙해지면 높게 압축한 영상에 대해서는 거부감이 생길 수밖에 없다. 때문에 데이터 전송 속도가 높아져 저압축 동영상이 점점 더 많아지면 데이터 사용량은 자연히 증가할 것이다.

결국 이와 같은 미디어산업의 변화가 모바일 데이터 사용량 증가를 불러올 것이고 이동통신업체는 더 많은 데이터를 팔 수 있어 더 높은 수익을 낼 수 있는 상황이 될 것이다.

그 밖에 통신서비스산업이 영향을 받는 거시 환경으로는 환율이 있다. 삼성전자도 통신장비를 공급하지만 대부분의 통신장비 회사는 해외업체이기 때문에 통신망 구축 시 환율의 영향을 받는다. 그러나 연간 기준으로 투자비보다 더 중요한 비용들이 많기 때문에 환율이 전체 기업의 수익성 등에 미치는 영향은 크지 않다. 현재 주력으로 운영하고 있는 LTE망의 경우에 SK텔레콤 기준으로 2011년부터 2015년까지 1차적인 투자가 완료되는 데 드는 전체 투자비용은 4조 원이 조금 넘는 수준이다. 따라서 망 투자비용이 모두 달러 기준으로 투자된다고 하더라도 환율이 10% 상승할 경우 5년에 걸쳐 들어간 신규망 투자비용에서 추가적으로 부담되는 비용은 4,000억~5,000억 원에 불과하다. 금액 자체가 크긴 하지만 SK텔레콤이 지불하는 연간 판매 및 지급 수수료 등이 연간 5조 원에 달하는 것을 감안하면 환율로 인한 직접적인 영향은 그리 크지 않은 것으로 판단해도 좋을 것이다.

 **데이터 사용에 대한 개인 체험 스토리를 만들어봅시다.**

데이터중심요금제의 성과는 미디어시장 환경의 진화라는 거대 변수와 맞물려 있기 때문에 중장기적인 수익 기반을 강화하는 요인이 될 것입니다. 모바일 콘텐츠 다양화와 고급화는 필연적으로 화소수라는 공간적 측면과 압축이라는 시간적 측면에서 데이터 수요를 급증시키고 있다는 점을 잘 인식하기 바랍니다. 시간이 된다면 1주일 동안 최소 몇 MB(MegaByte)로 버틸 수 있는지 스스로 체크해보는 것도 재미있을 겁니다.

관련 자료 찾아보기 ⑮
검색 키워드, '가입자 데이터 사용량 비교' 

'가입자 데이터 사용량 비교'를 키워드로 관련 분석을 참고해보기 바랍니다. 음성통화량이 더 늘지 않는 상황에서 데이터 사용이 급증하는 구도일 때 통신사는 당연히 데이터 중심 요금제에 초점을 맞출 수밖에 없습니다. 미국과 일본은 이를 우리보다 먼저 도입한 상태입니다. 요금제에 대한 시시비비보다는 LTE 이용자 1인당 월평균 데이터 트래픽 추이나 국내외 데이터 트래픽 비교를 통해 기본 통계치 정보를 챙겨보기 바랍니다. 또한 요금제 여부에 따라 차이가 있는 데이터 가격, 즉 1MB당 요금이 얼마 정도인지도 함께 체크해보기 바랍니다.

경영 이슈: ICT 빅뱅에 대비하라

5G와 사물인터넷 등 새롭게 다가오는 차세대 네트워크 시대를 앞두고 SK텔레콤이 ICT시장을 선점하기 위해 어떠한 전략을 준비하고 있는지 살펴봅시다. 또한 단유법이 시행됨에 따라 이동통신사들은 데이터중심요금제를 출시하며 이전과는 다른 가격 경쟁을 벌이게 됐는데, 유통 구조의 변화 속에서 경쟁우위를 선점하기 위한 SK텔레콤의 전략은 무엇인지 등 현재 당면한 주요 경영 이슈들을 한번 살펴봅시다.

01

서비스 다양화, 고급화로
만족도를 높여라

뉴노멀 환경에서 새로운 돌파구를 찾다

미국 금융위기와 유럽 재정위기 이후 저성장, 저소비, 저금리의 뉴노멀New Normal 경제 환경은 국내에도 큰 영향을 끼쳤다. 그러나 통신서비스산업은 상대적으로 영향이 적다고 볼 수 있다. 통신서비스산업은 이미 국내 보급률이 100%를 넘어서고 있어 더 이상 가입자 성장을 기대할 수 없는 여건에 도달해 있기 때문에 이를 탈피하기 위한 노력을 지속적으로 하고 있는 상황이다.

스마트폰과 LTE 도입으로 통신서비스시장은 이전과 다른 새로운 기회를 만들어가고 있다. 배달앱, 택시콜, 소셜커머스 등과 같은 모바일 콘텐츠가 등장하게 된 것도 모두 스마트폰과 LTE의 지원으로 가능해진 것이다. 소비자들에게 신선하면서도 질 높은 서비스를 제공함으로써 통신서비스에 지불하는 비용은 더욱 증가하였고 이동통신사의 수익은 높아졌다. SK텔레콤의 경우에는 로열티가 높은 기존 011 가입자를 중심으로 피처폰 가입자가 800만 명 이상 있어 더욱 안정적인 가입자 구조를 가지고 있다. 이들 피처폰 가입자는 타 이동통신사로 이전해갈 가능성이 상당히 낮기 때문에 이를 유지하기 위한 비용도 높지 않아 보인다. 또한 통신망은 이미 감가상각이 다 완료되어 수익성이 아주 높은 우량 고객 역할을 담당해준다.

소비자 불만은 낮추고 기업의 수익은 높이고

통신서비스를 이용하는 소비자들은 가족 구성원이 기본적으로 개인당 하나씩 휴대폰을 가지고 있고 인터넷전화를 포함한 집전화, 그리고 유선인터넷 및 IPTV 등을 보유하고 있어 가계소득 대비 너무 높은 통신비를 부담하고 있다는 불만이 불거져 나오고 있다.

이에 따라서 SK텔레콤은 다양한 멤버십서비스를 기반으로 제과점 할인, 무료영화 관람, 식당 할인 행사 등을 진행함으로써 가계 부담을 낮추기 위한 노력을 이어가고 있다. 특히 최근에는 데이터중심요금제를 출시해 실질적으로 더 많은 데이터를 제공하면서 더 낮은 요금제를 선택할 수 있도록 하고 있다. 또한 오랫동안 가입을 유지하고 있는 로열티 높은 고객을 위해서 쿠폰도 제공하고 있다. 2년이 지난 고객을 대상으로 무료전화 또는 데이터를 충전할 수 있는 쿠폰을 제공하는 등 고객들의 통신비 부담을 덜어주기 위한 노력을 지속하고 있다.

더 많은 데이터 사용 패턴을 만들기 위해 티프리미엄서비스를 통한 IPTV 시청, 최신 영화 다운로드 및 음악 스트리밍서비스 등도 무료로 제공하고 있다. SK텔레콤은 국내 가입자의 50% 수준을 보유하고 있기 때문에 이와 같은 서비스를 비용 면에서 훨씬 효율적으로 제공할 수 있다는 강점이 있다. 이 밖에도 소비자 불만을 낮추면서 기업 수익을 높이기 위해 다양한 서비스를 추가로 제공하여 더 높은 만족을 제공하는 노력을 지속할 것으로 기대된다.

SK텔레콤이 제공하고 있는 다양한 서비스 프로그램을 정리해 봅시다.

면접에서 "SK텔레콤이 고객에게 제공하고 있는 다양한 서비스 프로그램을 아는 대로 말해보시오"라는 질문이 나올 수 있다는 가정으로 관련 내용을 잘 정리해보기 바랍니다.

또한 '포스트 LTE' 시대가 가시권에 들어섬에 따라 5G 통신 기반의 이동통신 서비스에도 큰 변화가 예상되고 있습니다. 이동통신사가 운용하는 망이 단순히 데이터 전송(즉 단말과 단말의 연결)의 역할만 하는 경우에 '덤 파이프Dumb Pipe'라고 하는데, 5G가 구현되면 이동통신사의 통신망은 '스마트 파이프Smart Pipe'로 진화하게 됩니다. 데이터 전송뿐 아니라 단말과 네트워크를 지능화하여 개인 맞춤형 서비스를 가능하도록 연결하는 것입니다. 여유가 될 때 스마트 파이프 개념에 대해 보다 상세히 살펴보기 바랍니다.

지속되는 규제 환경

정부의 규제에 따른 국가정책 등은 통신시장에 변화를 가져오는 중요한 경영 이슈다. 통신산업의 특성상 규제는 국내에만 국한된 것이 아니라 전 세계적으로 강도의 차이만 있을 뿐 모두 존재한다.

특히 2014년 10월에 시행된 단유법은 가장 대표적인 정부의 규제다. 어떤 채널을 통해서 단말기를 구입하든지 간에 통신서비스와 단말기 제조사가 제공하는 보조금 및 서비스는 동일해야 한다는 것이 주요한 내용이다. 이에 따라서 경쟁업체의 가입자를 유치하기 위해서 과도한 보조금을 지급하거나 신형 단말기를 무상으로 제공하는 등의 행위가 법으로 금지되었고 요금제에 비례해 적절하게 공시된 보조금만을 지급하게 되었다.

이와 같은 법이 안정화되면서 오로지 단말기 가격만으로 경쟁하던 경쟁 구도는 다양한 방식으로 양상이 바뀌었다. 유선인터넷 및 IPTV 등과의 결합상품을 통해 경쟁하거나 차별화된 콘텐츠와 서비스를 제공하는 등 질적 경쟁으로 경쟁 양상이 변화하고 있어 소비자들에게 긍정적인 평가를 받고 있다.

수면 위로 떠오른 제4이동통신

그럼에도 불구하고 가계 지출에서 차지하는 통신비 부담은 여전히 높으며, 이를 줄여야 한다는 목적 아래 제4이동통신서비스 사업자에 대한 인가 논의가 진행되고 있다. 하지만 3개 통신사만으로도 이미 포화된 국내 통신서비스시장에 네 번째 사업자가 진입한다고 해서 소비자들에게 무조건 득이 된다고 해석할 수는 없을 것으로 판단된다.

물론 기존 통신 3사가 제공하는 것과는 다른 방식의 영업을 통해 소비자의 통신비 절감에 기여할 가능성이 있을 수 있다. 현재 거론되는 방식으로는 데이터중심요금제만 운영하여 음성통화 및 영상통화도 VoLTE(Voice over LTE) 방식으로 사용하는 기술이 거론되고 있다. 과거에 통화망을 사용하지 않고 인터넷망을 활용하는 IP 방식으로는 통화의 안정성을 보장할 수 없었다. 하지만 지금은 기술 발달로 인해서 IP 방식으로도 충분히 안정적인 통화서비스를 제공할 수 있게 됐다. 더욱이 이미 기존 통신사들도 소비자가 IP 기반의 통화 및 통화망을 통해 통신을 선택할 수 있도록 하고 있다. 이를 기반으로 데이터 중심의 합리적인 통신서비스 요금 체계가 자리 잡을 수 있고 이를 통해서 가계 통신비 절감도 가능해질 것이다. 그러나 통신시장에 새롭게 진입해야 하는 업체 입장에서는 최소한 2조~3조 원에 달하는 투자를 단기적으로 진행해야 한다는 부담이 있는데, 이와 같이 수익성이 낮은 모델을 무기로 시장에 진입할 경우 투자비 회수도 어려울 것으로 분석된다. 따라서 네 번째 이동통신사가 시장에 진입하기에는 어려움이 있을 것으로 본다.

멘토의 Tip ⑯ 제4이동통신사에 대한 주요 이슈 찾아보기

제4이동통신사의 기술 특성에 대해 알아봅시다.

국내에서 제4이동통신사 출현의 필요성이 정부 주변에서 본격적으로 제기된 것은 2014년부터입니다. 중국이 LTE-TDD 방식을 공식 채택함에 따라 국내에서도 이 네트워크 방식을 사용하는 통신사를 참여시켜 요금 경쟁을 촉발시키자는 취지에서입니다. 국내에서는 한국모바일인터넷과 인터넷스페이스타임 등이 후보자로 거론되고 있는데, 인터넷스페이스타임은 재무 건전성 부족으로 주파수 할당 신청을 포기한 바 있습니다.

이동통신사 4강 구도는 미국(버라이즌, AT&T, 스프린트, T모빌), 영국(EE, 보다폰Vodafone, O2, 3Three), 프랑스(오랑주Orange, 부이그Bouygues, 프리텔레콤Free Telecom, SFR) 등에서 찾아볼 수 있습니다(영국의 경우 2015년 3월 '3'가 O2를 인수함에 따라 3강 구도로 전환됨). 제4이동통신사의 출현은 확률적으로 LTE-TDD 방식에 기반을 둘 가능성이 높다는 점을 잘 인식하기 바랍니다.

제4이동통신의 출현은 과연 득일까 실일까

이동통신시장에서 가장 이슈가 되고 있는 제4이동통신 사업자 허가 가능성에 대해 진단해보자.

가계통신비 부담 절감을 위해서 정부에서는 알뜰폰 활성화, 이동전화 가입비 폐지, 데이터중심요금제 채택에 이어 제4이동통신 사업자를 허가하겠다는 목표를 가지고 있다. 기존 과점체제를 허물고 공정경쟁이 가능한 생태계를 조성해 합리적인 요금제를 출시하겠다는 것이다. 또한 동시에 새로운 일자리를 창출시키고 중소 통신장비 기업도 활성화시키려는 목표도 가지고 있다. 이로써 경쟁업체와 가입자를 뺏고 뺏기지 않으려 노력하던 기존의 경쟁 구도에서 벗어나 초기의 공공성을 지닌 국가산업으로 회복되기를 바라는 것이다.

　최근 정부의 움직임을 보면 제4이동통신 사업자 허가에 훨씬 적극적인 모습을 보이고 있어 그 가능성이 과거보다 상당히 높아지고 있다. 초기 투자비용 및 사업 초기의 상대적인 원가 경쟁력 열위를 해결해주기 위해서 정부에서는 의무사업자를 지정해 아직 네트워크를 구축하지 못한 지역에 로밍을 허용하고 접속료를 낮추도록 하는 방안을 추진하고 있다.

　이와 같은 정책적인 지원을 바탕으로 한다면 요금 경쟁력 제고뿐 아니라 마케팅과 영업방식의 차별화에서도 원가 경쟁력을 높일 수 있을 것이다. 기본적인 광고와 제휴 이외에도 통신정보를 제공하는 애플리케이션 등을 통한 마케팅과 방문판매 영업도 고려해볼 필요가 있다. 방문판매는 새로운 통신사와 요금제를 제대로 설명하기에 좋고 현재 유통 트렌드인 O2O에도 적합한 방식이다. 방문판매 네트워크를 새롭게 구성하기보다는 기존에 구축되어 있는 방문판매 채널과 제휴하는 것이 더 효율적일 것이다. 물론 요금제 경쟁이 더욱 심해지면 방문판매조차 필요 없게 될 수도 있다.

　그러나 이와 같은 장밋빛만으로 제4이동통신 사업자의 성공적인 효과를 기대하기는 어려울 것이다. 오로지 가격만 고려할 경우 품질에 대한 보장이 나빠질 수 있고 미래를 위한 투자 여력이 사라지게 되는 위험도 간과할 수 없기 때문이다.

　사물인터넷 시대가 도래하는 과정에서도 마찬가지로 간과한 것이 있다. 현재보다 훨씬 더 많은 기기들이 통신망을 활용하여 더 빠른 통신망이 필요해지면 5세대 통신망으로의 이전이 불가피할 것이다. 그런데 오로지 가격 경쟁만을 지속하다 그 시간을 허비한다면 5세대 이동통신서비스를 제대로 시작하지 못한 채, 결국 사물인터넷 시대에 적절하게 대응하지 못하는 결과가 나올 수도 있다. 현재의 과실만 따먹다가 미래를 위한 투자 시기를 놓칠 수도 있다는 것이다. 현재와 미래를 위해 가장 좋은 방안이 꼭 제4이동통신 사업자 선정인지는 더 심도 있는 고민과 조사가 필요하다.

멘토의 Tip ⑰   정부의 통신 정책 살펴보기

정부의 이동통신시장의 정책 방향을 정리해봅시다.

정부의 이동통신시장의 정책 방향을 본문 내용을 중심으로 잘 정리해보기 바랍니다. 알뜰폰 활성화, 이동전화 가입비 폐지, 데이터중심요금제 채택, 제4이동통신 사업자 허가 등으로 요약해볼 수 있습니다. 이동통신사에게는 대체로 부담이 되는 요인들이지만 그런 시장 환경을 성장의 기회로 활용하는 지혜야말로 SK텔레콤이 지향하는 가치일 것입니다.

2015년 5월, 한 시민단체가 이동통신 다단계 판매의 불법성을 판단해 달라며 공정거래위원회에 요청함에 따라 사회적으로 이슈가 된 적이 있었습니다. 이동통신 다단계업체들이 '방문판매 등에 관한 법률' 등을 위반한 것으로 보고 있기 때문입니다. 이동통신 다단계 판매는 2002년 당시 KTF가 정보통신부로부터 시정명령을 받은 뒤 국내에서 사라졌는데, 단유법 시행으로 다시 고개를 들고 있다는 분석입니다. '이동통신 방문판매'를 키워드로 관련 내용의 기본 개요를 한번 파악해보기 바랍니다.

가격 경쟁에서
우위를 선점하라

포화된 시장에서의 가격 경쟁

국내 통신시장의 상황을 보면, 3사가 과점체제이고 시장의 크기는 제한적인데 초기 투자비가 높은 여건을 감안할 때 극심한 가격 경쟁이 발생할 가능성은 상당히 낮다. 이들 통신 3사에 망을 빌려서 영업하고 있는 MVNO(Mobile Virtual Network Operator, 가상이동통신망사업자)가 전체 가입자의 10%에 육박하고 있어 가격 경쟁이 심한 것처럼 보일 수도 있으나, 통신 3사와 정산을 해야 하는 구조이기 때문에 원가의 한계로 가격 체계를 무너뜨릴 정도의 극심한 경쟁은 가능하지 않은 상황이다.

MVNO 중에서 규모가 가장 큰 CJ헬로비전도 가격 경쟁이 심하지 않은 상황임에도 규모의 경제 등에서 3사에 뒤져 수익을 크게 내지 못한 상황이므로 앞으로도 가격 경쟁이 심해질 가능성은 낮아 보인다.

기존의 구도를 흔드는 새로운 변수

현 구도에서 가격 경쟁의 위험이 있을 수 있는 상황은 제4이동통신 사업자가 사업 허가를 받아야 발생할 것으로 판단된다. 제4이동통신 사업자가 선정되면 가격 경쟁이 심해질 수밖에 없어 단기적으로는 소비자 통신요금 부담이 완화될 수 있을 것이다. 그러나 4개의 이동통신 사업자가 영업하기에는 국내 통신시장의 규모가 매우 작기 때문에 결국 수익 감소와 투자 여력의 감소가 일어나 최종적으로는 전체 통신 시장의 환경이 열악해질 것이다.

현재의 체제에서는 3사 모두 극심한 가격 경쟁은 암묵적으로 꺼릴 수밖에 없는 구조가 되었다. 통신서비스는 새로운 통신기술이 도입되기까지 시간이 오래 걸리며, 새로운 통신기술이 도입된다고 해도 꼭 그 요인으로 가격을 올릴 수 있다는 보장이 없기 때문에 한 번 가격을 내리면 다시 올리기 힘든 구조적인 한계를 가지고 있다. 때문에 단유법이 시행되기 이전에는 사용요금보다 단말기 보조금으로 경쟁을 벌였던 것이다. 단말기에 일시적으로 보조금을 많이 줘서 가입자를 유치하고 이후에 다시 보조금을 낮춘다고 하더라도 소비자 저항이 그리 크게 나타나지 않는 전략을 취해왔다.

가격 인하 경쟁과 데이터중심요금제

단말기 보조금은 일시금으로 지급되는 것이기 때문에 지속적으로 받아야 하는 월 요금을 할인하는 것과는 영업에 미치는 영향이 제한적이다. 또한 새로운 단말기가 나올 경우, 새 단말기의 인기가 높으면 오히려 보조금을 낮췄다가 시간이 흘러 구형 단말기가 되면 보조금을 높이는 방식으로도 대응이 가능했다. 인기 단말기의 출시 주기가 삼성전자의 경우 연간 약 2회이고 애플도 연간 1회 정도이기 때문에 이 시기에 맞춰 보조금을 조정할 수 있어 사용 요금을 낮추는 것보다는 훨씬 부담이 낮았다.

그러나 단유법 시행 이후로는 이와 같은 대응이 모두 어렵게 되면서 조심스러운 가격 인하 경쟁의 모습이 나타나기 시작했다. 2015년 5월에 통신 3사가 모두 내놓은 데이터중심요금제가 바로 그것이다. 3사 모두 어떤 요금제 구간이든지 유무선통화는 전부 무료로 제공하고 데이터 사용량에 따라서만 요금을 다르게 내는 구조를 가지고 있다. 소비자들이 기존 요금제에서 데이터중심요금제로 전환할 경우 단기적으로는 요금이 인하되는 양상이 나타날 수 있다. 그러나 점점 영화 및 다양한 콘텐츠의 사용이 증가할 것이고 향후에는 이동통신의 패턴이 통화보다는 데이터로 중심이 바뀔 것이기 때문에 데이터중심요금제를 통해서 가입자의 평균 사용 요금은 지속적으로 높아질 것이다.

SK텔레콤의 요금제를 기준으로 살펴보면, 'T끼리 35' 요금제의 경우에 기존 24개월 약정할인을 받으면 실질 청구금액은 월 2만 7,800원이

다. SK텔레콤 가입자끼리 음성통화는 무제한이고, 타 이동통신 또는
유선가입자에게 월간 80분의 무료통화가 제공되며 데이터는 550MB
를 사용할 수 있다. 이번에 새로 출시된 요금제는 월 2만 9,000원만 내
면 유무선 모든 가입자와 무료로 통화할 수 있다. 반면에 가장 낮은 요
금제이기 때문에 데이터는 오히려 기존 최저 요금제보다 낮은 300MB
에 불과하다. 기존 요금제에서 유무선 음성통화가 무료인 요금제는
실질 청구금액이 월 5만 1,500원인 '전국민 무한 69'부터 가능했으나,
새로운 데이터중심요금제는 월 2만 9,000원 요금제부터 가능하기 때
문에 음성통화를 중심으로 휴대폰을 사용하는 가입자의 경우에는 요

SK텔레콤의 데이터 요금제와 기존 요금 비교표

(단위: 원)

기존 요금표	청구금액	요금할인(24개월 약정)	월정액	음성통화	데이터(GB)
T끼리 35	27,800	7,200	35,000	80	0.55
T끼리 45	33,750	11,250	45,000	130	1.1
T끼리 55	40,750	14,250	55,000	180	2.0
T끼리 65	48,250	16,750	65,000	280	5.0
전국민 무한 69	51,500	17,500	69,000	무선 무제한	5.0
전국민 무한 75	56,250	18,750	75,000	무선 무제한	8.0
LTE 데이터 무제한 80 팩	61,250	18,750	80,000	무선 무제한	8.0
전국민 무한 85	65,000	20,000	85,000	유무선 무제한	12.0
전국민 무한 100	76,000	24,000	100,000	유무선 무제한	16.0

데이터 요금제	청구금액	요금할인(24개월 약정)	월정액	음성통화	데이터(GB)
band 데이터 29	29,000			유무선 무제한	0.3
band 데이터 36	36,000			유무선 무제한	1.2
band 데이터 41	41,000			유무선 무제한	2.2
band 데이터 47	47,000			유무선 무제한	3.5
band 데이터 51	51,000			유무선 무제한	6.5
band 데이터 59	59,000			유무선 무제한	11.0
band 데이터 80	80,000			유무선 무제한	20.0
band 데이터 100	100,000			유무선 무제한	35.0

자료: SK텔레콤

금제를 낮출 가능성도 높다. 그러나 점진적으로 데이터 사용량은 증가할 수밖에 없고 청구금액을 기준으로 월 4만 7,000원 이하인 경우에는 기본 제공 데이터가 3.5GB에 불과하기 때문에 중장기적으로 5만 1,000원 이상의 요금제로 옮겨갈 것으로 전망된다.

Fig 26

KT의 데이터 요금제와 기존 요금 비교표

(단위: 원)

기존 요금표	청구금액	월정액	음성통화	데이터(GB)
순 모두다 올레 28	28,000	28,000	130	0.75
순 모두다 올레 34	34,000	34,000	185	1.5
순 모두다 올레 41	41,000	41,000	250	2.5
순 완전무한 51	51,000	51,000	유무선 무제한	5.0
순 완전무한 61	61,000	61,000	유무선 무제한	10.0
순 완전무한 67	67,000	67,000	유무선 무제한	12.0
순 완전무한 77	77,000	77,000	유무선 무제한	17.0
순 완전무한 99	99,000	99,000	유무선 무제한	25.0

데이터 요금제	청구금액	월정액	음성통화	데이터(GB)
LTE 데이터 선택 299	29,900		유무선 무제한	0.3
LTE 데이터 선택 349	34,900		유무선 무제한	1.0
LTE 데이터 선택 399	39,900		유무선 무제한	2.0
LTE 데이터 선택 499	49,900		유무선 무제한	6.0
LTE 데이터 선택 599	59,900		유무선 무제한	10.0
LTE 데이터 선택 699	69,900		유무선 무제한	15.0
LTE 데이터 선택 999	99,900		유무선 무제한	30.0

자료: KT

LG유플러스의 데이터 요금제와 기존 요금 비교표

(단위: 원)

기존 요금표	청구금액	요금할인(24개월 약정)	월정액	음성통화	데이터(GB)
LTE 34	27,000	7,000	34,000	160	0.75
LTE 42	31,500	10,500	42,000	200	1.5
LTE 52	38,500	13,500	52,000	250	2.6
LTE 음성 무한자유 69	51,000	18,000	69,000	무선 무제한	5.0
LTE8 무한대 80	62,000	18,000	80,000	무선 무제한	무제한
LTE8 무한대 85	67,000	18,000	85,000	무선 무제한	무제한
LTE8 무한대 89.9	71,900	18,000	89,900	무선 무제한	무제한
LTE Video 요금제	**청구금액**	**요금할인(24개월 약정)**	**월정액**	**음성통화**	**데이터(GB)**
LTE Video 39	32,000	7,000	39,000	160	0.75
LTE Video 50	39,500	10,500	50,000	200	1.5
LTE Video 60	46,500	13,500	60,000	250	2.6
LTE Video 70	52,000	18,000	70,000	350	6.0
LTE Video 77	59,000	18,000	77,000	무선 무제한	5.0
LTE Video 80	60,000	20,000	80,000	500	10.0

데이터 요금제	청구금액	요금할인(24개월 약정)	월정액	음성통화	데이터(GB)
데이터 중심 LTE 음성자유 29.9	29,900			유무선 무제한	0.30
데이터 중심 LTE 음성자유 35.9	35,900			유무선 무제한	1.3
데이터 중심 LTE 음성자유 41.9	41,900			유무선 무제한	2.3
데이터 중심 LTE 음성자유 46.9	46,900			유무선 무제한	3.6
데이터 중심 LTE 음성자유 50.9	59,900			유무선 무제한	6.6
데이터 중심 LTE 음성자유 59.9	69,900			유무선 무제한	11+무제한
LTE Video 요금제	**청구금액**	**요금할인(24개월 약정)**	**월정액**	**음성통화**	**데이터(GB)**
LTE 데이터 중심 Video 38	38,000			유무선 무제한	0.30
LTE 데이터 중심 Video 44	44,000			유무선 무제한	1.3
LTE 데이터 중심 Video 50	50,000			유무선 무제한	2.3
LTE 데이터 중심 Video 55	55,000			유무선 무제한	3.6
LTE 데이터 중심 Video 59	59,000			유무선 무제한	6.6
LTE 데이터 중심 Video 68	68,000			유무선 무제한	11+ 무제한
LTE 데이터 중심 Video 80	80,000			유무선 무제한	20+ 무제한
LTE 데이터 중심 Video 100	100,000			유무선 무제한	35+ 무제한

자료: LG유플러스

SK텔레콤의 비가격 경쟁 전략을 살펴봅시다.

가격 경쟁이야말로 기업에게는 가장 힘든 경영 환경입니다. 통신 산업뿐만 아니라 모든 산업이 다 그렇습니다. 유사한 상품을 유사한 방식으로 파는 한 가격 경쟁은 불가피합니다. 그나마 국내 통신시장은 과점 형태여서 완전 경쟁에 따른 최소 마진의 늪에는 빠져 있지 않습니다만, 정부나 소비자들의 요금 인하 목소리는 높아만 가고 있습니다. 이런 시장 환경에서 SK텔레콤은 비가격 경쟁 요소를 끊임없이 발굴 및 개발해나가야 할 것입니다. 이런 관점으로 SK텔레콤이 어떤 노력과 전략을 추진하고 있는지 잘 살펴보기 바랍니다.

관련 자료 찾아보기 ⑲
검색 키워드, 'SK텔레콤 비가격 경쟁' 

'SK텔레콤 비가격 경쟁'을 키워드로 관련 내용을 정리해보기 바랍니다. 서비스와 품질 중심의 경쟁 전략, 그리고 고객 만족을 위한 'T라이프팩' 같은 특화서비스, B2B 솔루션과 헬스케어 사업 같은 미래 전략 등의 카테고리로 접근해보기 바랍니다.

03

사물인터넷 시대의
당면 과제

이종 산업으로의 확장

전통적인 통신서비스산업의 관점에서만 SK텔레콤을 바라볼 때 가장 크게 다가오는 당면 과제는 당연히 성장성에 대한 우려가 될 수 있다. 스마트폰이 보급되고 LTE가 도입됨에 따라 통신망의 속도가 매우 빨라져 소비자들은 스마트폰으로 많은 일을 할 수 있게 됐다. 그러나 그와 같은 부가가치가 통신서비스 사업자에게는 오지 않고, 더 이상 증가하기 어려운 가입자 수의 한계로 인해서 성장성의 한계를 넘어서기 어려운 모양새이다. 이를 극복하기 위한 가장 큰 대안은 결국 이종 산업으로 사업을 확장하여 안정적인 컨버전스를 구축하고 이를 통해 시너지를 극대화하는 것이다.

그 일환으로 SK텔레콤은 2012년 2월에 하이닉스의 지분 21.05%를 확보하면서 경영권을 얻었다. 인수 당시만 하더라도 메모리산업의 사양화에 대한 우려가 높았지만 SK텔레콤은 '강력한 리더십', '강력한 성장 전략', '강력한 스킨십' 등 3강 경영 전략을 펼쳐 양 기업 간 유대를 강화하고 실질적인 지원을 아끼지 않으면서 SK하이닉스의 안정화 및 성장에 기여했다. 이의 결실로 SK하이닉스는 2013년과 2014년에 매출과 영업이익을 각각 13조 9,000억 원과 16조 9,000억 원, 3조 2,000억 원과 5조 원 달성하며 SK텔레콤의 주력 사업부 중 하나의 역할을 수행했다.

물론 SK하이닉스를 제외하고도 SK플래닛 및 SK브로드밴드 등 다양한 자회사와의 시너지 및 ICT 리딩 사업자 입지를 구축하고 있긴 하지만 SK하이닉스는 기존에 SK텔레콤이 영위하던 사업과 다른 하드웨어 산업이라는 측면에서 그 의미가 상당히 높다고 보고 있다. 현재로는 실질적으로 SK하이닉스의 메모리사업과 SK텔레콤의 통신산업 간에 시너지와 부가가치가 발생하고 있지는 않지만 향후에 사물인터넷 시대가 개화하면 그 시너지가 극대화될 수 있을 것이라 판단된다.

플랫폼 혁신으로 열리는 시장

향후에 도래할 사물인터넷 시대에는 다양한 하드웨어기기들이 출시될 것이다. 그리고 이들 제품의 대부분은 유선이든 무선이든 SK텔레콤 네트워크의 지원을 받을 수밖에 없을 것이다. 따라서 SK텔레콤은 부품회사인 SK하이닉스를 통해 직접적인 시너지를 얻기 전 단계로 다양한 중소 기기업체들과 협력을 강화할 필요가 있다. 사물인터넷 시대를 열어가기 위해서 가장 먼저 필요한 것은 이에 상응하는 기기들인데 이러한 기기들이 출시되지 않는다면 새로운 시대가 오는 시간은 점점 더 많이 걸릴 수밖에 없을 것이다.

또한 이러한 인터넷 연결기기들이 출시된다고 하더라도 적절한 네트워크의 지원을 받지 못한다면 그 효용성이 떨어질 수밖에 없다. 이는 결국 소비자에게 그 필요성을 어필하지 못하게 됨으로써 사물인터넷 시대의 도래를 미루게 되는 요인이 될 것이다. 최근 스마트빔, 키즈폰 등의 시도는 작지만 큰 변화를 만들 수 있는 좋은 시도라고 판단된다. 다만 좀 아쉬운 것은 SK텔레콤이 이들 제품에 대한 주도권 및 지배권을 더 가져가지 못하는 점이다. SK텔레콤이 AS 등도 주도적으로 진행하면서 좀 더 제품에 대한 주도권을 가지게 된다면 시장의 지배력을 강화하는 데 주요한 방안이 될 수 있다고 판단된다.

반면에 최근 SK텔레콤이 역점을 두고 있고 경쟁업체와 주도권 경쟁을 치열하게 벌이고 있는 스마트홈 플랫폼 출시는 이와 같은 흐름에 상당히 잘 부합하는 전략이다. 가정에 있는 기존의 아날로그기기들을 제작하는 다양한 업체와 협력, 그 업체가 생산하는 제품과 SK텔레콤 네트워크를 연결하여 다양한 서비스를 제공함으로써 새로운 시너지를 낼 수 있을 것으로 전망된다. SK텔레콤은 이들 업체에 솔루션과 서버서비스를 제공하고 그 효용과 수익은 양 업체가 합리적으로 나누는 방식으로 진행하고 있는 것으로 파악된다.

이와 같은 스마트홈서비스도 한두 개의 서비스를 제공하는 것보다 종합적인 서비스를 제공할 때 그 효용성이 극대화될 수 있기 때문에 관련 업체들이 각자 자기 영역을 고수하면 그 시장이 열리기 어려운 특성을 가지고 있다. 그러나 SK텔레콤의 이와 같은 행보는 이를 극복할 수 있는 하나의 좋은 방안이 될 수 있다는 측면에서 긍정적이라고 판단된다.

사물인터넷 시대, SK텔레콤의 위치 역할을 생각해봅시다.

사물인터넷 시대가 본격적으로 열렸을 때 SK텔레콤의 위치와 역할을 미리 그려볼 필요가 있습니다. SK텔레콤의 '3·3·100' 전략은 바로 플랫폼 전략에 기초하고 있는데, 그중 하나가 사물인터넷 플랫폼입니다. SK텔레콤이 미래 먹거리로 헬스케어 영역에 관심을 두는 것도 사물인터넷과 직결되기 때문일 것입니다. SK텔레콤 내부적으로도 통신과 더불어 사물인터넷 비즈니스에 대한 논의가 당연히 활발할 것이므로 동 분야에 대한 지원자들의 지식과 시각이 필요합니다.

또한 이런 이슈와 관련해서 글로벌 기업들의 플랫폼 비즈니스 전략을 잘 살펴보기 바랍니다. 아마존, 구글, 애플, 소프트뱅크, 네이버, 다음카카오 등과 같은 IT 강자들은 플랫폼 비즈니스 전략을 어떻게 구사하고 있는지 꼼꼼히 살펴보세요. 이런 탐색 과정 속에서 SK텔레콤에게 줄 수 있는 시사점을 얻을 수 있다면 취업 경쟁력을 크게 제고시킬 수 있습니다.

먼저 '통신 사물인터넷'을 키워드로 사물인터넷을 구현시키는 통신 방식의 특징을 살펴보기 바랍니다. 그리고 사물인터넷을 활용하여 어떤 IT 제품을 만들 수 있는지 그 동향을 면밀히 체크해보기 바랍니다. 사물인터넷이 적용된 제품이 무엇인지에 따라 SK텔레콤이 무엇을 제공할 수 있을지도 엿볼 수 있기 때문입니다. 전문가들이 얘기하는 것이 전부는 아니므로 자신의 상상력을 동원해서 '이 제품에는 SK텔레콤이 이런 서비스를 제공해보면 어떨까?'라는 식으로 훈련해보기 바랍니다.

커넥티드카, 자동차와 사물인터넷의 만남

SK텔레콤이 크게 역점을 두고 있지 않은 사물인터넷 관련 영역이 커넥티드카Connected Car시장이다. 국내에서는 KT와 현대차가 제휴를 맺어 '블루링크'라는 서비스를 선보인 바 있다. 아직은 자동차를 인터넷에 연결했을 때의 효용성이 그리 크지 않기 때문에 월정액을 내면서 커넥티드카를 사용하는 사용자가 그리 많지는 않을 것이다. 그러나 어느새 스마트폰이 우리 생활에 익숙해진 것처럼 어떤 특정한 활용도가 소비자에게 큰 매력으로 어필된다면 모든 차를 전부 인터넷에 연결하는 시대가 올 수도 있을 것이다.

현재 블루링크에서 제공되는 서비스도 어떤 측면에서는 상당히 매력적인 부분이 있다. 이동전화 통신망을 이용해서 내 스마트폰으로 자동차의 여러 가지 기능을 구동할 수가 있는데, 차 문이 잠겼는지 여부를 확인할 수 있고 잠그지 않았을 경우에는 잠그거나 필요할 경우에는 열 수도 있다. 한여름에는 자동차를 운행하기 전에 시동을 먼저 걸고 에어컨을 미리 켜놓을 수도 있다. 그러나 현재로서는 이와 같은 기능을 이용하기 위해서 매월 일정 금액을 납부하는 사용자가 많지 않다는 게 한계이다. 그러나 향후 확대될 시장임에는 틀림없고 SK텔레콤도 이를 염두에 두고 있을 것이다.

KT와 현대차가 협력하여 서비스하고 있는 블루링크 – 커넥티드카서비스는 아직 초기 단계이지만 향후 통신시장의 새로운 기회로 부각될 것

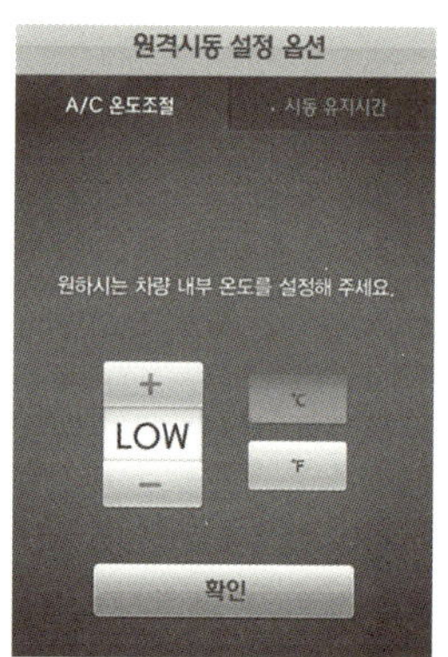

자료: 산업 자료

 **스마트카 시대는 SK텔레콤에게 어떤 비즈니스 기회를 줄 수 있는지 살펴봅시다.**

　모바일폰은 이미 스마트폰화되었지만 모바일카는 아직 '스마트카'화 단계로 가지는 못했습니다. 하지만 높은 온도 편차(-40~155℃), 습도(0~100%), 수명(15년), 제로 고장률 등의 기술적 요소를 충족시키는 차량용 반도체의 양산체제가 구축되고 자동차 인터넷 연결에 따른 요금 부담에 대한 소비자 인식이 바뀌면 자동차의 스마트화는 급속하게 진행될 개연성이 높습니다. 스마트카 시대가 왔을 때 SK텔레콤에게 어떤 비즈니스 기회가 만들어질 수 있을지 관련 자료들을 찾아 탐색해보기 바랍니다.

**관련 자료 찾아보기 ㉑
검색 키워드, '스마트카시장 통신업체'** 

　'스마트카시장 통신업체'를 키워드로 관련 내용들을 살펴보기 바랍니다. 2018년 세계 스마트카시장 규모는 약 300조 원에 달할 것으로 예상되고 있습니다. 그동안 모바일 혁명으로 인한 열매는 여타 플랫폼 기업들이 대부분 가져갔기 때문에, 통신업계는 사물인터넷과 스마트카 시대에서만큼은 주도권을 잃지 않겠다는 입장입니다. 당연히 통신사와 자동차 제조사 간 갈등도 벌써 나타나고 있습니다. 한 예로 'T카' 보증수리에 대해 현대·기아차의 태도는 긍정적이지만은 않습니다. T카는 운전자가 자신의 스마트폰과 차량을 연결해서 원격시동을 걸거나 차량 상태 등을 점검하는 서비스인데, 제조사는 원격조정을 위한 전용 단말기 부착을 불법 개조로 간주해서

대규모 데이터 시대의 망중립성 논쟁

최근 이동통신시장에서 가장 이슈가 되고 있는 것 가운데 하나가 '망중립성'이다. 망중립성이란 인터넷망을 통해서 전달되는 인터넷 트래픽에 대해서 데이터의 내용이나 유형을 따지지 않고 이를 생성하거나 소비하는 주체에게 차별 없이 동일하게 취급해야 한다는 것을 의미한다. 망중립성에 따르면 한 달에 100GB를 사용하는 기업고객이나 1GB를 사용하는 개인고객이나 동일한 부담을 지게 되는 것이다.

이러한 이슈는 과거와 다르게 스마트폰, 노트북 등 디지털기기를 통한 대규모 데이터 사용이 증가하고, 특히 미디어 콘텐츠 사용 급증으로 인터넷망이 과부하되면서 등장했다. 또 전자업체의 인터넷TV가 과도한 데이터 트래픽을 유발할 수 있다고 하여 통신업체가 인터넷TV의 접속을 차단하거나 속도를 제어하려는 움직임을 보이면서 더욱 이슈가 불거졌다. 더욱이 앞으로 이와 같은 갈등은 갈수록 커질 수밖에 없는 상황이다.

초고속 유무선 인터넷 네트워크의 발달과 클라우드Cloud 서버 등의 발전으로 인해서 콘텐츠 소비의 장소와 시간의 제약이 사라지고 TV, PC, 스마트폰, 태블릿PC 및 심지어 게임 콘솔에 이르기까지 다양한 디바이스를 통해서 콘텐츠를 소비하는 시대가 왔다. 이에 따라 TV 수상기의 의존도는 그만큼 낮아질 수밖에 없고, 방송국이 전파를 이용한 자기망을 통해 서비스를 제공하는 비율은 대단히 미미한 수준으로 이미 낮아져 있다.

향후에 국내 지상파 사업자들은 인터넷망을 통해서 콘텐츠 서비스를 확대하려고 할 것이므로 인터넷망에 대한 접근과 이용 가능성 문제가 핵심 사안으로 떠오를 수밖에 없을 것이다. 망중립성이 확보되지 못한다면 콘텐츠업체는 인터넷망을 통하지 않고 콘텐츠를 제공할 수 없기 때문에 통신사업자는 콘텐츠의 생산과 유통까지 깊숙이 개입하여 통제력을 행사함으로써 미디어의 다양성이라는 공공적인 가치를 훼손할 수도 있는 위험이 있다.

반면, 통신사 입장에서도 통신망을 구축하기 위해 수조 원을 투자했는데 비용을 거의 지불하지 않고 이 망을 통해서 미디어사업을 영위하려는 것에 대해서는 우려하지 않을 수 없다. 특히 이미 국내 이동통신 트래픽의 60% 이상을 영상 콘텐츠가 차지하고 있고 향후 1~2년 내로 70%를 크게 넘어설 것으로 예상되고 있다. 영상 콘텐츠로 인한 네트워크의 과부하 문제가 충분히 불거질 수 있는 상황이므로 통신사업자는 이를 위한 추가적인 투자가 불가피해질 것이다. 이와 관련된 사업자들과 투자비를 나눠서 부담한다는 것을 전제해야 망중립성의 일부 양보도 진행될 것으로 보인다.

 **스마트미디어 발달과 망중립성 훼손 문제에 대한 SK텔레콤의 논리와 명분을 생각해봅시다.**

스마트미디어의 발달과 망중립성 훼손 문제가 이슈화되고 있습니다. 논란이 본격화한 지 오래되지는 않아 수면 밑에 잠재해 있는 모습입니다만, 시장이 확대될수록 지속적인 논쟁거리가 아닐 수 없습니다. 즉 스마트미디어 발달로 통신사 수익이 증가하면 망중립성을 명분으로 한 사회적 견제가 심해질 수 있다는 의미입니다. 각자의 입장이 분명하지만 이해관계가 첨예하게 맞서는 이런 이슈는 논리와 명분이 매우 중요할 것입니다. SK텔레콤으로서는 어떤 논리와 명분이 필요할지 생각해보기 바랍니다.

관련 자료 찾아보기 ㉒
정보통신정책연구원, 〈OTT 플랫폼의 진화와 규제 이슈〉 

‘스마트미디어 망중립성’을 키워드로 관련 자료들을 찾아보기 바랍니다. 대체로 스마트 환경에서 이용자 편익을 증진시키는 방향으로 논의되고 있음을 알 수 있습니다. 또한 정보통신정책연구원에서 2012년 발간한 〈OTT 플랫폼의 진화와 규제 이슈〉 자료를 참고해보기 바랍니다. 인터넷망을 통해 동영상 콘텐츠를 제공하는 소위 ‘OTT(Over The Top)’ 플랫폼의 진화 방향, OTT 플랫폼에 대한 주요 규제, 즉 수평규제, 망과 플랫폼의 중립성, 수직결합 등의 세부 내용들을 확인할 수 있습니다.

경영 요소:
성장과 안정을
동시에 만드는 시스템

무선통신사업에 모든 역량을 집중시키고 있는 SK텔레콤은 주요 출자회사들과 유기적인 비즈니스 관계를 맺으며 최상의 시너지를 만들고 있습니다. 안정적인 시스템을 바탕으로 최고의 역량을 만들어내는 SK텔레콤 주요 출자회사의 구조와 내부 주요 부서의 직무 및 역할을 살펴보겠습니다. 또한 SK텔레콤만의 기술과 경쟁력을 분석해보며 회사의 성장을 이끄는 주요 경영 요소들이 무엇인지 알아보도록 합시다.

01

따로 또 같이,
최상의 시너지를 만드는 사업구조

주요 출자회사의 구조와 역할

SK텔레콤의 사업구조는 연결 기준으로 무선통신사업, 유선통신사업과 콘텐츠 및 애플리케이션 서비스사업으로 구분할 수 있다. SK텔레콤만 보면 이 중에서 무선통신사업만 직접 담당하고 있고 나머지는 100% 자회사를 통해서 운영하고 있다. 이동통신 네트워크를 기반으로 음성 및 데이터 서비스를 제공하는 무선통신사업이 우리가 일반적으로 알고 있는 SK텔레콤의 기본 사업인 셈이다. 피에스앤마케팅이라는 100% 자회사를 통해서 무선통신 상품을 도매 또는 소매로 판매하는 유통 채널도 운영하고 있다.

유선통신사업은 SK브로드밴드와 SK텔링크를 통해 진행하고 있다. SK브로드밴드는 SK텔레콤이 50.6%를 보유하고 있는 자회사였다가

2015년 6월에 100% 자회사로 편입했고, SK텔링크는 지분의 83.5%를 보유하고 있다. SK브로드밴드는 초고속인터넷서비스를 기본으로 TV, 전화, 기업데이터, 기타 유선통신 기반의 ICT서비스를 제공하고 있으며, 향후 높은 성장이 기대되는 미디어 관련 사업을 총괄하고 있다. SK텔레콤은 미디어시장에 대한 높은 기대감을 가지고 있어 SK브로드밴드를 통해 좀 더 적극적으로 미디어사업을 확대할 것으로 예상된다. SK텔링크는 무선국제전화와 MVNO사업을 주요하게 영위하고 있다.

마지막으로 콘텐츠 및 애플리케이션 서비스는 100% 자회사인 SK플래닛과 SK플래닛이 64.5% 보유하고 있는 SK커뮤니케이션을 중심으로 제공한다. SK플래닛은 온라인 쇼핑몰인 11번가도 운영하고 있으며, SK텔레콤의 앱스토어인 T스토어와 T맵, 호핀 등을 통해 콘텐츠 및 미디어 서비스도 제공하고 있다. SK커뮤니케이션은 종합 포털인 네이트와 인스턴트 메신저인 네이트온을 운영하며 인터넷 기반의 서비스를 주로 제공하는 역할을 담당한다.

기업고객 대응을 위해서 B2B사업은 따로 사업부를 두고 있다. 앞서 언급한 세 가지 부문의 영역에서 기업들을 대상으로 유무선통신의 기본적인 인프라를 제공 및 관리하는 사업을 주력으로 하고 있다. 스마트 스토어, 스마트 워크, 그린&세이프티, 모바일 광고 및 결제, 클라우드 및 빅데이터 등 5대 핵심 솔루션 영역을 설정해 사업을 추진 중이다. 이를 통해 기존 유무선통신을 기반으로 한 회선 판매 및 회선 관리 서비스를 비롯, 기업고객에게 추가적인 부가가치를 제공할 수 있는 솔루션을 중심으로 사업 영역을 확장해가고 있다.

SK텔레콤 본사뿐만 아니라 지분 출자를 통한 자회사를 통해 다양한 사업을 영위하고 있기 때문에 SK텔레콤의 지분 출자 현황을 살펴보는 것이 회사의 조직 및 사업을 이해하는 것에 도움이 될 것이다.

SK텔레콤 출자 현황 – 무선통신사업을 제외한 주요 핵심사업은 SK플래닛 및 SK브로드밴드 등을 기반으로 해

회사명	최초 취득일자	출자 목적	최초 취득 금액(억 원)	기말잔액(백만 원, 주, %)			최근사업연도재무현황(억 원)	
				수량	지분율	장부가액	총자산	당기순손익
SK하이닉스㈜	2012.02.15	-	33,747	146,100,000	20.1	33,747	268,833	41,952
SK플래닛	2011.10.01	이동통신	12,349	72,927,317	100	15,380	25,529	(-530)
SK브로드밴드㈜	1997.09.05	유무선 연계	823	149,638,354	50.6	12,422	31,805	43
하나카드㈜	2010.02.25	카드 사업	4,000	67,627,587	25.4	4,300	72,847	(-112)
㈜포스코	2003.07.22	신세기통신	3,327	1,240,655	1.4	3,418	525,973	11,390
피에스앤마케팅㈜	2009.04.03	이동통신	1,500	66,000,000	100	3,139	5,443	28
Korea IT Fund	2002.12.31	벤처 투자	1,900	190	63.3	2,210	3,802	55
SKY Property Mgmt. Ltd.	2008.09.19	중국 사업	1,784	12,639	33	1,457	8,403	150
SK텔링크㈜	1998.04.09	유선전화	40	1,082,272	83.5	1,447	3,243	131
KB금융	2011.02.15	-	2,007	3,520,964	0.9	1,273	192,105	4,330
SKT Americas, Inc.	1995.12.29	미국 사업	77	122	100	839	422	(-0)
SK Industrial	2011.11.11	중국 사업	837	72,952,360	21	837	4,066	(-48)
Atlas	2011.06.24	미국 사업	162	-	100	771	668	(-66)
Packet One Network	2010.07.29	말레이시아사업	1,199	2,265,944	13.6	607	2,426	(-639)
㈜아이리버	2014.08.08	음향기기제조	257	15,202,039	48.9	545	619	23
Global Opportunities	2009.05.13	벤처 투자	934	-	88.9	489	-	-
SK China Company Ltd	2000.11.20	중국 사업	32	720,000	9.6	478	4,068	(-48)
SK Technology	2010.09.30	기술 확보	281	14,700	49	459	936	(-209)
나노엔텍	2011.03.22	콘텐츠 확보	110	5,870,290	26	380	462	(-12)
SK TELECOM(CHINA)	2007.09.20	중국 사업	42	-	100	291	380	11
YTK Investment Ltd.	2010.06.09	벤처 투자	280	-	100	279	279	(-153)
SK Global Healthcare	2012.12.06	-	258	-	100	258	-	-
㈜네오에스네트웍스	2014.04.03	보안시스템	240	31,310	66.7	240	317	(-20)
서비스에이스㈜	2010.06.30	이동통신	219	4,385,400	100	219	663	36

주: 기말 기준 장부가액 200억 원 이상 법인

자료: Dart

주요 부서의 업무와 역할

SK텔레콤 단독 기준으로 내부 조직은 13개의 주요 부서로 구성되어 있다. 부서의 주요 역할은 다음과 같다.

a. Corporate Strategy

중장기적인 성장동력을 확보하고, 현재 수행 중인 비즈니스에서 발생하는 전략 이슈를 발굴할 뿐 아니라 이를 적극적으로 조정하고 해결하는 업무를 수행한다. 국내 MNO시장의 마켓 리더십Market Leadership 지속 확보와 글로벌 비즈니스 및 컨버전스 비즈니스를 기반으로 한 중장기적인 성장동력 확보도 주요한 역할이다.

b. Customer Marketing

본사 및 전국 4개 지역본부(수도권: 서울/경기, 동부: 부산/대구, 서부: 전남북/제주, 중부: 충남북/강원), 27개 현장마케팅팀에서 업무를 수행한다. SK텔레콤의 고객 중심 경영과 인재육성 정책을 반영하여 현장 근무를 먼저 시작하며 구성원의 역량 개발 차원의 순환 근무도 시행한다. 현장마케팅 경험을 기반으로 마케팅 패러다임을 견인하는 최고의 전문가로 성장할 것이며, SK텔레콤의 발전과 대한민국 이동통신산업의 발전을 선도하는 역할을 수행할 수 있을 것이다.

c. Global Business

글로벌 비즈니스를 개발·수행·지원하는 업무를 담당한다. SK텔레콤은 이동통신서비스에 국한하지 않고 베트남, 미국, 중국 등 세계 각 지역에서 다양한 사업을 개발 및 운영하며 새로운 비즈니스 기회를 지속적으로 모색한다. SK텔레콤이 SK플래닛의 지분을 100% 보유하고 있기 때문에 SK플래닛의 오픈마켓 사업인 11번가의 해외서비스 등에도 일정 부분 참여한다.

d. New Business

SK텔레콤은 이동통신서비스에 이어 새로운 성장동력을 견인하고 글로벌 리더 기업으로 나아가기 위해 새로운 사업 영역 개척에도 매진하고 있다. 이동통신서비스시장만 놓고 보면 그 성장에 한계가 있을 수밖에 없지만 사물인터넷 등의 영역으로 그 시야를 확장하면 다양한 분야에서 신규 사업 기회를 모색할 수 있으므로 이와 같은 역할을 주도적으로 담당한다.

e. Technology(네트워크)

우리나라의 이동통신서비스산업의 역사라고 할 수 있는 사업부로서, 국내 최고의 이동통신 네트워크 구축 및 운영 기술을 바탕으로 우리나라의 이동통신기술의 진화와 발전에 주도적 역할을 수행하고 있다. 네트워크 분야는 우수한 기술력을 바탕으로 최상의 서비스를 안정적으로 제공해야 하는 중요한 역할을 수행하는 곳이다. 또한 고객과 가장 가까운 곳에서 고객이 필요로 하는 음성, 데이터, 무선인터넷, 와이브로, 위성DMB 등 다양한 서비스를 최상의 품질로 제공한다. 이 밖에 중국, 베트남, 몽골 등 글로벌 시장에 네트워크 분야 구성원들이 진출하여 SK텔레콤과 대한민국의 기술력을 세계적으로 널리 알리고 인정받는 데 주도적인 역할을 한다.

f. Technology(R&D)

CDMA, HSDPA, 와이브로와 위성DMB사업 등의 회사 주요 기술 전략을 수립해왔고 최근 LTE, LTE-A 및 3band LTE 등의 기술 주도력을 보여줬으며, 향후 5세대에 대한 R&D 방향성 등을 정립한다. 또한 기술 발달이 향후 사업 전략의 방향에 큰 영향을 미치기 때문에 Top Management의 전략적 의사 결정을 지원하는 역할을 수행한다. 또한 국내 MNO사업 경쟁력 향상에 공헌하며 미국, 중국, 베트남 등 글로벌 비즈니스 강화를 위한 기술 개발 및 회사의 지속적 성장엔진을 발굴하기 위하여, 핵심 기술 확보와 함께 기술 기반의 신규 BM(Business Model)을 개발한다. 이 밖에 사물인터넷 및 컨버전스 환경에서의 새로운 사업 기회를 찾기 위한 중장기 연구 활동도 강화한다.

g. 플랫폼, 미디어, 콘텐츠 사업 기획·운영

향후 SK텔레콤의 새로운 성장동력이 될 플랫폼, 미디어, 콘텐츠 사업을 발굴 및 지원하며 주도해야 하는 부서이다. 이를 위해서 창의력을 극대화하여 새로운 아이디어를 잉태하고, 최고의 팀워크로 아이디어에 가치를 부여하여 신상품을 창조하며 고객 가치 제고를 위해 적극적이고 혁신적인 사업을 수행한다. 미시적인 업무로는 연결성Connectivity 및 기동성Mobility에 근거하여 실용성과 편리성을 제고한 상품을 기획하고 고객의 니즈에 맞춰 지속적으로 상품을 진화한다. 거시적으로는 새로운 비즈니스 영역을 개척하여 신규 성장동력을 발굴해 SK텔레콤의 전체 매출 증가를 주도하는 역할을 담당한다. 중장기적 관점에서는 빅데이터를 기반으로 한 데이터 비즈니스 전략을 수립하여 고객의 생활 패턴과 가치 기준의 변화를 선도하는 혁신적인 서비스를 발굴해야 한다.

h. PR

PR(Public Relations) 분야는 기업의 제품과 서비스를 소개하고 회사가 원하는 기업 이미지를 고객 및 대중에게 전달하는 역할을 주요하게 수행한다. 신규 요금제의 효과 및 외부의 규제 상황 등 기업의 여러 이슈에 적극적으로 대응해 긍정적인 기업 이미지를 확립하며, 다양한 매체를 활용함으로써 고객과 긍정적인 관계를 형성해 고객 및 대중 이미지 제고에 기여해야 한다.

i. 경영관리

경영관리는 기업 전략에 대한 구체적인 계획을 수립하여 각 사업 조직이 이를 실행할 수 있도록 지원·관리업무를 수행한다. 동시에 경영 시스템 개선과 주요 이슈 관리를 통해 회사의 지속적인 발전을 이끌기 위한 역할을 담당한다.

j. 법무관리

SK텔레콤이 직면하고 있는 각종 위험 요소를 사전에 심사하여 예방·해결책을 제시한다. 그뿐만 아니라 이미 발생한 분쟁을 효율적으로 해결함으로써 회사의 안정과 성장에 기여하는 것을 목표로 업무를 수행한다.

k. 인력관리

회사의 목표를 달성하기 위해서 필요로 하는 인력을 확보하고, 구성원들이 자발적·의욕적으로 업무에 매진할 수 있도록 인력관리 인프라를 구축·관리하는 제반 업무를 수행한다. 국내외 최고의 우수 인력을 확보하고 세계 일류 수준의 리더 및 전문가로 성장할 수 있도록 구성원의 역량과 성과를 극대화하기 위해 기여하는 것이다. 또한 성공적 비즈니스 추진을 위해 인력 관리 및 조직 관리 측면에서 사업 부문을 지원한다.

l. 인력육성

회사의 미래 사업에 필요한 인재를 체계적으로 준비하고 육성하는 것에 기여한다. 기업문화 발전을 위해 다양한 기회를 제공함으로써 회사의 구성원 모두를 'MVP(Most Valuable biz Professional)'로 육성하기 위한 종합 솔루션을 기획하고 실행한다. 회사의 신성장동력 발굴을 위한 아이디어 페스티벌을 기획하고, 이러한 아이디어가 실제 사업에 적용되도록 지원·관리하는 역할을 담당한다.

ⅲ. 재무관리

다양한 이해관계자들이 기업의 재무정보를 정확히 파악할 수 있도록 업무를 수행한다. 기업의 가치 증대를 위해 효율적으로 자금을 조달하고 운용하여 최적의 재무구조를 구축·유지하는 것을 주요한 목적으로 한다. 이를 위해서 주식시장과 소통하는 IR(Investor Relations) 활동을 비롯해 주주환원 정책을 위한 자사주 매입 및 매각 등에도 관여한다.

통신시장 환경과 실제 업무 관련 전략 도출 케이스 면접에 대비합시다.

통신사 면접은 주로 통신시장 환경과 실제 업무와 관련된 케이스를 제시하고 전략과 방안을 도출하는 것이 보편화되어 있습니다. 자신이 지원하려는 직무에 대한 기본 지식과 관련 동향들을 철저히 파악하고 전략 수립 연습을 자주 해보기 바랍니다. 출제되는 질문은 결국 산업, 시장, 고객 측면에서 최신 트렌드나 이슈 중심으로 다뤄지므로 본문의 내용을 반복해서 학습하기 바랍니다.

업무의 효율을 높이는 아웃소싱 구조

네트워크사업의 가장 중요한 가치가 안정성이기 때문에 전체적으로 SK텔레콤은 아웃소싱을 많이 사용하지 않는 구조를 가지고 있다.

특히 최근 관심도가 높아지고 있는 크라우드소싱Crowd Sourcing의 도입 가능성도 낮은 것으로 판단된다. 크라우드소싱은 대중에게서 아이디어 및 해결책을 얻는 협업 구조로 안정성보다는 비용효율성과 성능 향상 면에서 경쟁우위가 있는 구조이다. 물론 네트워크를 운영하는 회사 입장에서도 더 낮은 비용과 더 좋은 성능에 대한 요구는 지금까지 항상 있어왔으며 지속적으로 추구해야 하는 가치이다. 그러나 이에 앞서 더 우선되어야 하는 것은 네트워크의 안정성이다.

네트워크는 특징상 어느 한 부분에 작은 문제만 발생해도 전체 네트워크에 영향을 줘 시스템 전체를 멈추게 할 수도 있는 위험이 항상 내재되어 있다. 따라서 비용효율성과 성능 향상 이전에 안정성을 더 우선해야 하는 것이다. 크라우드소싱을 활용한다고 하더라도 몇 단계의 검증 단계를 추가해야 하는데, 이와 같은 안전장치를 만들게 되면 크라우드소싱의 장점을 다 잃어버리므로 크라우드소싱의 도입 가능성이 낮을 수밖에 없다.

SK텔레콤에게 아웃소싱이라는 것은 주요한 장비와 서비스를 외부에서 구매하는 과정에서 SK텔레콤 시스템에 적합한 솔루션을 추가로 개발하는 정도로 국한되고 있다. 같은 장비를 도입하여 설치한다고 해도 각 네트워크 회사의 상황에 맞춘 솔루션이 필요하기 때문에 이를 장비 공급 회사 또는 솔루션을 만들어줄 수 있는 회사에 공급을 요청하는 것이다.

스마트폰에서 제공하는 SK텔레콤 자체 애플리케이션 중 일부는 외부의 업체가 더 잘 만들 수 있기 때문에 우수 업체를 선정하여 공급받기도 한다. 최근에 관심을 보이고 있는 하드웨어 제품에서는 이와 같은 경향이 좀 더 강한 것을 확인할 수 있다. SK텔레콤이 하드웨어 경험이 많지 않은 반면, 스마트폰 시대 이후 다양한 액세서리와 주변기기 등에 대한 요구가 지속적으로 증가하고 있다. 이와 같은 소비자의 요구에 부응하기 위해 스마트폰 액세서리와 스마트빔과 같은 자체 조달이 어려운 주변기기들은 우수한 외부 업체로부터 공급받고 있다.

02

경쟁사를 앞지르는
알짜 경쟁력

1등 기업이라는 브랜드의 가치

SK텔레콤의 주력상품은 무선통신서비스와 SK브로드밴드를 통한 유선통신서비스, 그리고 SK플래닛을 통한 플랫폼서비스 및 솔루션 등이다.

무선통신시장은 이미 국내에서는 상당히 포화 상태이다. 2012년 말 기준으로도 국내 이동통신 가입자 수는 5,362만 명으로 보급률이 100%를 넘어선 상황이었고, 이후로도 1인 2전화 사용자가 증가하면서 2015년 3월 말 기준으로 이동통신 가입자 수는 5,732만 명이었다. 이 중에서 SK텔레콤은 50% 수준인 2,838만 명의 가입자를 보유하고 있다(MVNO 포함). SK텔레콤은 이들 가입자를 기반으로 분기에 약 3조 원, 그리고 연간으로 12조 원의 매출을 보이고 있다. 가입자 수가 증가하고 있고

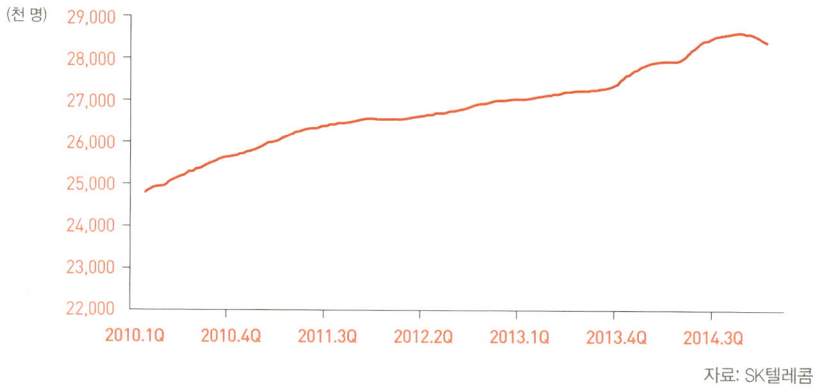

가입자당 내는 월평균 사용요금도 소폭 증가세를 보이고 있지만, 이는 전체 매출을 크게 상승시킬 수 있는 수준은 아니다.

이동통신사업에서 경쟁요인은 브랜드 경쟁력, 상품/서비스 경쟁력, 판매 경쟁력, 크게 세 가지로 살펴볼 수 있다. 브랜드 경쟁력은 고객이 기업으로부터 제공받는 서비스와 가치에 대해서 총체적으로 느끼는 인식우위와 로열티를 총칭하는 것이다. 서비스 실체뿐 아니라 기업의 제반 활동 및 커뮤니케이션을 통해 형성한 이미지도 포함된다. SK텔레콤은 국내에서 이동통신사업을 가장 오랫동안 영위한 역사적인 배경만으로도 실질적으로 제공받는 서비스 이상의 가치를 소비자들에게 부여하고 있다고 판단된다.

또한 초기에 이동통신서비스를 사용하기 시작한 고객들은 1위 사업자인 SK텔레콤에 대한 믿음과 위상을 높게 평가하고 있어 높은 로열티를 유지하고 있는 것으로 보인다. 이처럼 오랜 역사를 바탕으로 쌓은 우량 고객의 로열티, 그리고 '1등 기업'이라는 이미지는 통신요금에서도 프리미엄을 받을 수 있어 경쟁업체보다 1인당 평균 요금에서 우위를 보이고 있다. 물론 5% 미만의 프리미엄이긴 하지만 30%에 달하는 피처폰 고객이 있는 것을 감안하면 상당히 높은 프리미엄을 지불하고 있는 것을 알 수 있다.

멘토의 Tip ㉓   **'통신' 단어를 뺀 채 경쟁력 생각해보기**

'통신'이란 단어를 빼고 SK텔레콤의 경쟁력을 설명해봅시다.
국내 이동통신시장 자체는 성숙기에 접어들었고 통신만으로는 확장이 쉽지 않은 상황입니다. 만일 면접에서 SK텔레콤의 경쟁력이 무엇인지에 대해 물어본다면 어떻게 대답할 것인지 미리 생각해볼 필요가 있습니다. '통신'이라는 단어를 없애고는 설명할 방법이 없는지 고민해보기 바랍니다. 어떻게 보면 우문일 수 있지만 이런 질문일수록 지원자의 창의적인 시각을 엿볼 수 있으므로 대비할 필요가 있습니다.

'무선 장악' 이어 유선통신시장도 접수 중

SK브로드밴드가 영위하고 있는 유선통신사업은 크게 초고속인터넷 서비스, 시내전화 그리고 IPTV 서비스로 나눌 수 있다. 2015년 3월 말

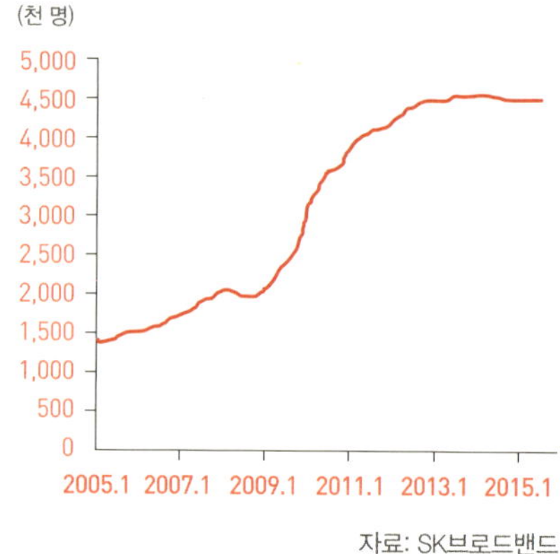

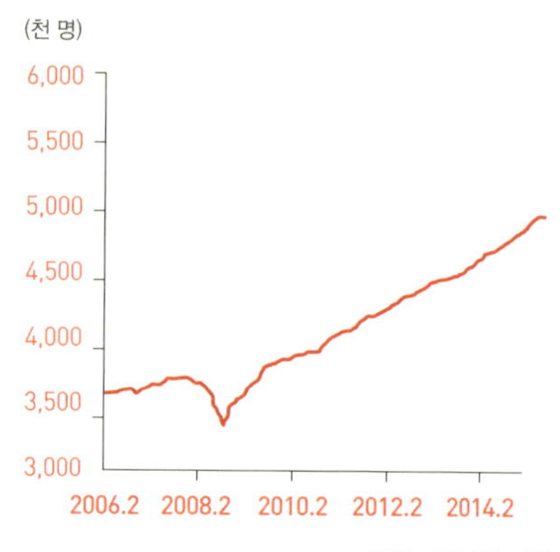

기준으로 국내 초고속인터넷서비스 가입자는 1,933만 명이고, 시내전화 가입자는 1,678만 명, IPTV 가입자는 1,084만 명이다.

이 세 가지 서비스는 개인이 가입하지만 실제로 사용하는 것은 온 가족이기 때문에 보급률은 가구 기준으로 산정해야 한다. 이를 기준으로 보면 초고속인터넷은 국내 2,000만 가구 기준으로 거의 100%에 육박하고 있는 것을 확인할 수 있다. 따라서 추가적인 성장은 상당히 제한적일 것이다. 그러나 동영상의 화질이 높아지고 있고 데이터 사용량은 더욱 증가해 현재 100Mbps급의 서비스에서 1Gbps급의 서비스로 높여간다면 질적 성장에 대한 기대는 충분히 남아 있는 것으로 보인다. SK브로드밴드의 시장점유율은 현재 25% 수준으로 SK텔레콤의 무선사업부 대비해서는 낮은 편이긴 하지만 후발 사업자인 것을 감안하면 상당히 높은 수준으로 평가가 가능하다.

SK브로드밴드는 일반 개인을 대상으로 한 유선전화사업에서 연간 5,000억~6,000억 원의 매출을 얻고 있다. 그러나 스마트폰을 중심으로 이동전화, 인터넷전화, SNS 등 무선통신의 영역이 크게 확대되면서 일반 유선전화와 국제전화서비스 등 매출은 연간 소폭 하락세를 보이고 있는 추세다. 2012년에만 해도 1,826만 명이던 가입자가 3년도 되지 않아서 1,678만 명으로 감소를 보였고 향후 추가적인 가입자 축소가 있을 것으로 보인다.

반면, 기업에 도매 형식으로 제공하는 국내외 통신서비스 및 전용회선 임대서비스는 점유율 증가 등으로 성장세를 보이고 있다. 2012년에 5,800억 원이던 기업데이터서비스 매출이 2014년에 7,000억 원 이상으로 증가세를 보인 것이다. SK브로드밴드는 이 시장에서 16%를 소폭 상회하는 시장점유율을 유지하고 있다.

IPTV시장에서의 성장 가능성

마지막으로 IPTV산업은 현재 높은 성장세를 보이고 있으며 향후에도 추가적인 성장 여력이 남아 있는 것으로 판단된다. 2012년 600만 명에 불과하던 IPTV 가입자가 2015년 3월 말 기준으로 1,084만 명으로 높은 성장세를 보이고 있다.

국내 가구 수가 2,000만 가구가 넘는 것을 감안하면 추가 성장 여력은 충분히 남아 있는 것으로 보인다. 물론 경쟁제품인 케이블TV나 위성TV

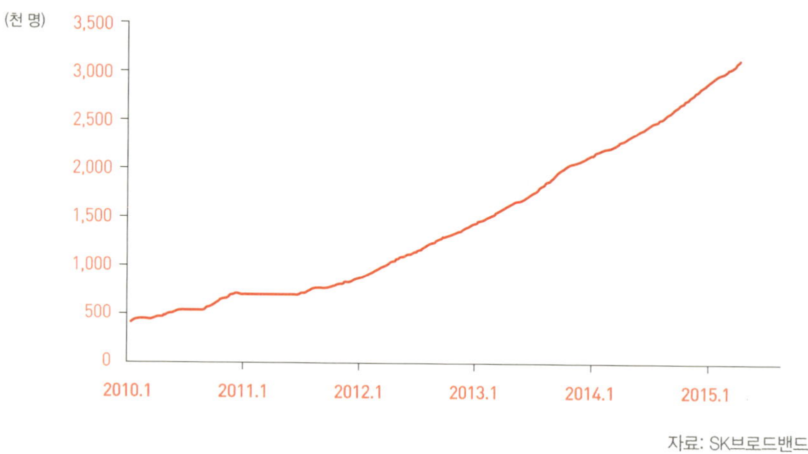

자료: SK브로드밴드

를 포함할 경우에 보급률은 100%를 넘고 있지만 이들 두 제품에 비해서 높은 경쟁우위를 가지고 있는 것을 감안하면 이들 시장을 잠식하면서 높은 성장세를 보일 수 있을 것이다. 특히 초고속인터넷, 시내전화, IPTV, 3개를 결합한 상품뿐 아니라 무선통신까지 결합하는 상품을 중심으로 마케팅을 강화한다면 시장 확대에 크게 기여할 수 있을 것으로 본다.

국내시장 50%의 점유율을 보이고 있는 SK텔레콤의 가입자와 판매채널을 활용한 결합상품 판매 강화는 SK브로드밴드가 IPTV시장에서 지배력을 확대하는 데 상당히 기여하고 있는 것으로 보인다. SK브로드밴드의 IPTV 시장점유율은 2012년 22.2%에서 2015년 3월 말 26.0%로 큰 폭의 상승을 보였다. 더욱이 IPTV시장이 70%의 성장을 보이는 과정에서 점유율도 상승한 것이기 때문에 상당히 긍정적인 평가가 가능하다.

한편, 높은 데이터 속도를 요구하는 UHD TV 방송의 활성화가 IPTV 시장에는 위험 요인이 될 수도 있을 것으로 본다. UHD TV는 기존 Full HD TV보다 4배 더 많은 데이터를 요구하기 때문에 데이터 전송 속도에서 현재 한계가 있는 IPTV의 경우 케이블 또는 위성방송보다는 열위에 있다. 그러나 2014년부터 500Mbps의 기가인터넷을 판매하기 시작했고 그 가입자가 꾸준히 증가세를 보이고 있는 상황이므로 중장기적인 위험 요인이 되지는 않는다고 판단된다. 또한 지상파TV 방송국에서 UHD 방송을 적극적으로 제작하고 있지 않은 것을 감안하면 과거의 사례에서 보듯 해당 시장이 열리는 속도는 상당히 더디게 진행될 것으로 전망되기 때문에 큰 위험 요인이 되지는 않을 것이다.

SK브로드밴드의 상품과 서비스를 소재로 한 상황 면접에 대비합시다.
SK브로드밴드는 자회사로 운영되고 있지만 전국의 모든 가구들을 대상으로 영업하고 있는 만큼 SK텔레콤에게 중요한 의미를 가집니다. 매출 비중의 대소를 떠나서 SK브로드밴드의 서비스와 상품 품질이 곧장 SK텔레콤의 브랜드 이미지로 연결되기 때문입니다. 특히 통신사 면접에서는 소비자가 피부로 가깝게 느끼는 상품이나 서비스를 소재로 마케팅 전략이나 영업 아이디어, 혹은 소비자 불만 제기에 대한 대응 전략을 자주 물어봅니다. 따라서 SK브로드밴드의 세 가지 사업 영역에 대한 가입자 수와 매출 수치, 그리고 상품 구성 정도는 기본적으로 암기하고 면접에 대비한 훈련을 틈틈이 해두기 바랍니다.

03

하드웨어와 소프트웨어의 경쟁력

기술을 선점해야 시장을 선점한다

SK텔레콤의 소프트웨어 및 하드웨어 경쟁력은 크게 두 가지로 볼 수 있다. 하드웨어 및 소프트웨어의 기술 경쟁력과 또 하나는 국내시장을 50% 점유하고 있는 규모를 기반으로 한 경쟁우위이다.

물론 이미 통신기술이 상당히 성숙되었기 때문에 소비자들이 직접적으로 느끼는 기술적 차이는 크게 나타나기 어려울 수 있다. 그러나 새로운 통신기술의 적용과 개발 면에서 꾸준히 앞서 나가는 것이 통신기술의 새로운 트렌드가 열릴 때 빠르게 대응할 수 있고 새로운 시장을 선점하는 데 유리하다.

그런 측면에서 살펴보면 최근 LTE 서비스 및 그 세부적인 기술에서 SK텔레콤이 항상 한 발 앞서 나가는 기술과 서비스를 보여온 것을 확인할 수 있다. LTE에서 더 빠른 속도를 제공하기 위한 기술 중 하나로 캐리어 어그리게이션을 2012년 2월에 세계 최초로 선보였고 이를 2013년 6월에 상용화하였다. 이동통신의 데이터 속도는 얼마나 많은 주파수를 보유하고 있는지에 달려 있는데 해당 주파수에 붙어 있는 게 아닐 경우에도 한 덩어리의 주파수인 것처럼 서비스를 제공할 수 있는 기술이 캐리어 어그리게이션이다.

2012년 1월부터 상용화한 기술인 CoMP(Coordinated Multiple Point)는 기지국과 기지국의 인접한 지역에서 나오는 신호가 서로 방해하면서 실질적인 데이터 속도가 낮아지는 것을 해소한 기술이다. 이와 같은 기술은 네트워크 장비를 개발하는 회사보다는 서비스를 제공하는 회사가 직접 개발해야 하는 기술이다. 또한 경쟁업체보다 가입자 수가 많은 입장에서는 이와 같은 기술이 기반되지 않는다면 경쟁업체와 동등해지거나 더 나은 네트워크 품질을 제공하기 어려울 것이다. 이와 같은 기술적인 우위는 2014년 1월에 차이나텔레콤과 중국 상해의 LTE 컨설팅 계약을 체결할 수 있었던 것 등에서 확인할 수 있다.

전용 단말기로 마케팅 차별화

두 번째 경쟁 요소는 규모의 경제에서 얻을 수 있는 경쟁력이다. 하드웨어적으로는 전용 단말기 등 출시를 예로 들 수 있다. SK텔레콤이 판매하는 단말기가 연간 1,000만 대에 육박하는 수준이기 때문에 휴대폰을 제조하는 업체 입장에서는 SK텔레콤의 구매 파워가 무시할 수 없는 수준으로 높다. 특히 SK텔레콤의 고객이 상대적으로 우량 고객 비중이 많다는 측면에서 고부가가치 휴대폰을 제조하는 업체 입장에서는 더욱 중요한 고객 중 하나가 될 수 있다.

따라서 SK텔레콤은 주요 제조사에서 연간 1~2회 출시하는 대표 모델을 먼저 제공받거나, SK텔레콤의 요구에 좀 더 부합하는 전용 단말기를 만들어달라고 요구할 수 있다는 장점이 있다. SK텔레콤은 이를 기반으로 경쟁업체와 차별화된 마케팅을 구사할 수 있다. 2013년에 출시된 '갤럭시팝' 또는 '갤럭시S3 가넷레드' 등이 대표적인 예이다.

또한 중국의 중저가 단말기 제조사의 제품을 자체 유통으로 판매하고 애프터서비스까지 제공함으로써 발생하는 차별화 지점도 규모의 경제가 밑바탕 되기 때문에 기대할 수 있는 차별화 영역이라고 본다.

T맵에서 확인되는 소프트웨어 경쟁력

소프트웨어의 경우, 규모의 경제를 기반으로 한 경쟁력은 'T맵'에서 찾을 수 있다.

T맵은 사용자의 입장에서 다른 내비게이션보다 사용자 친화적으로 제작되었고, 필요한 요소를 잘 갖추고 있어 경쟁력 있는 소프트웨어로 평가되고 있다. 규모의 경제 측면에서 보자면, 경쟁우위 지점은 이동통신 가입자 비중만큼 사용자가 확보되기 때문에 이를 기반으로

빅데이터 분석을 통해 더 정확하고 더 차별화된 서비스를 제공할 수 있다는 것이다.

사실 실시간 교통정보를 이용해 최적의 이동경로를 제공하는 서비스 자체는 통신망을 기반으로 한 내비게이션을 만드는 업체라면 누구나 할 수 있는 것이다. 그러나 도로공사 등이 제공하는 교통정보만을 기반으로 한 기존 서비스와 실시간 이동 정보를 감안해 빅데이터 분석을 거쳐 제공되는 서비스는 질적인 차이가 있을 수밖에 없다. 이와 같은 서비스의 차이는 사용자 수 차이로 나타나며, 이는 다시 서비스의 차별화에 기여하는 선순환에 들어간다.

리스크 요인 생각해보기

업계 1위인 SK텔레콤에 도사리고 있는 리스크 요인을 깨어 있는 의식으로 바라봅시다.

SK텔레콤은 그동안 부동의 1위 자리를 지켜왔기 때문에 그것이 오히려 리스크가 될 수도 있습니다. 더 올라갈 곳이 없어 자만하고 나태해진다는 것이 아니라, 언제 어디서 경쟁사가 SK텔레콤의 자리를 치고 들어와 차지할지도 모르는 예측불허의 세상이 되었기 때문입니다. 2009년 KT가 아이폰을 전격적으로 도입한 경우가 좋은 사례입니다. 경쟁사들이 부동의 1위인 SK텔레콤을 이기기 위해 어떠한 전략을 구상하고 있을지에 대해 한번 생각해보면 어떨까요?

예측불허의 미래시장에서 경쟁우위를 가지기 위해서는 한결같은 게임의 룰을 바꿔야 한다고 전문가들은 말합니다. 만일 SK텔레콤이 스마트폰을 기존 휴대폰에 PC 기능만을 탑재한 디바이스라고 바라봤다면 오늘날 같은 결과는 얻지 못했을 겁니다. 1등 기업인 SK텔레콤에게 지금 어떤 리스크가 도사리고 있는지 항상 깨어 있는 의식으로 바라봐야 하는 이유입니다.

04

고객 행복을 중심으로 한 마케팅 전략

가격 경쟁보다 고객 행복

SK텔레콤은 단말기 가격을 낮추거나 경쟁사보다 통신요금을 낮추는 단순한 가격 마케팅에서 벗어나 '행복 동행', '고객의 행복'을 핵심 가치로 삼고 이를 중심으로 마케팅을 강화하고 있다.

고객들에게 'SK텔레콤과 함께한다면 좀 더 행복한 삶을 누릴 수 있다'는 것을 심어주기 위해, SK텔레콤은 고객들이 불안하지 않게 휴대폰을 사용할 수 있도록 안정적인 환경을 만드는 것을 우선시하고 있다. 이를 위해 기술적으로는 개인정보보호, 스팸 및 스미싱 방지를 위한 고객안심서비스를 강화하고 있다. 특히 휴대폰이 대부분 스마트폰으로 변경되면서 해킹으로 인한 피해가 더욱 높아지고 있는 상황이므로, 'T가드'와 같은 안심서비스 애플리케이션을 무료로 제공하여 스미싱을 포함한 악성코드를 조기에 탐지하고 공인인증서 등 주요한 개인정보를 안전하게 관리할 수 있도록 돕고 있다. 이러한 노력으로 소액결제 피해 발생률이 0.1%대로 낮게 유지되고 있는 등 실질적인 결실도 나타나고 있다.

또한 '행복 동행'이라는 핵심 가치를 실천하기 위해 장기가입 고객에게 더 많은 혜택을 주는 제도도 시행하고 있다. 앞으로도 오랫동안 SK텔레콤과 함께할 수 있는 여건을 만들어주는 것이 필요하다고 인지하여 장기가입 고객 우대를 위한 다양한 혜택을 마련한 것이다.

단유법이 시행되기 이전에는 소모적인 보조금 경쟁 때문에 경쟁업체로부터 번호이동을 해오거나 해지 후 다시 가입하는 고객들에 비해, 이동 없이 꾸준히 SK텔레콤만 이용해온 고객들이 의도하지 않은 역차별을 겪는 경우가 종종 발생했다. 이에 따라 SK텔레콤은 '착한 기변'이라는 제도를 시행해서 장기가입 고객을 대상으로 기기변경 시 추가적인 보조금을 지급하여 기존 고객의 역차별을 해소하기 위한 노력을 해왔다. 또한 낮은 요금제를 사용하거나, 심지어 스마트폰이 아닌 폴더폰을 사용하는 고객들도 혜택을 받을 수 있도록 대상을 넓혀 '착한폰 폴더' 및 '착한 기변 라이트' 등으로 서비스를 다변화했다.

그뿐만 아니라 장기가입 고객에게는 '음성, 데이터, 멤버십 리필하기' 서비스도 시행하여 가입 연수에 비례하여 일정량의 쿠폰을 발행하고 있다. 쿠폰을 통해 필요한 무료통화 및 데이터를 리필하여 사용할 수 있도록 한 것이다. 온 가족이 SK텔레콤을 장기 이용하여 로열티가 높은 고객들을 위한 제도도 마련했다. 쿠폰을 서로 선물할 수 있도록 해서 쿠폰이 필요한 가족에게 더 많은 혜택을 몰아줄 수 있는 방식도 지원하고 있다. 가족 간 합산 연도에 따라서 많게는 기본요금의 50%를 할인해주는 등 오랫동안 변치 않고 SK텔레콤을 사랑하고 이용해준 고객을 위한 노력을 더욱더 강화하고 있다.

SK텔레콤 행복경영의 의의 생각해보기

행복경영에 어떤 날개를 보탤 수 있을지 생각해봅시다.

다음 내용은 2008년 당시 김신배 대표이사가 어느 대학에서 SK텔레콤의 행복경영에 대해 언급한 것입니다.

"날개는 자유롭게 드높이 날아오르고자 하는 생명체에게 필요하며, 좌우 한 쌍이 있어야만 그 역할을 수행할 수 있습니다. SK텔레콤의 '행복날개'는 구성원의 의지와 함께, 고객, 주주, 협력사 등과 조화를 이뤄야 날아오를 수 있습니다. 서로의 신뢰를 강화하고, 선순환적인 가치를 확대하는 것만이 궁극적으로 모든 이해관계자의 행복이 될 수 있습니다."

김 대표의 설명에서 나비 날개가 생명체의 비상을 가능케 해준다는 부분이 바로 SK텔레콤의 핵심 가치일 것입니다. 날개가 없다면 결코 볼 수 없는 세계를 SK텔레콤이 보여주겠다는 것이고, 그 날개를 고객, 협력사와 조화를 이뤄 행복하게 만들자는 의미로 해석됩니다. 여러분들은 그런 행복경영에 어떤 날개를 보탤 수 있을지 찬찬히 생각해보기 바랍니다.

18년간 고객만족도 1위, 고객이 인정했다

SK텔레콤은 매년 연 2회에 걸쳐서 내부 고객만족도 조사를 시행한다. SK텔레콤의 내부 고객만족도 조사는 SK텔레콤의 고객뿐 아니라 경쟁사의 고객을 포함하며 고객이 직접 SK텔레콤의 만족도를 평가하는 방식을 취하고 있다. 이와 같이 조사된 고객만족도 관련 정보는 면밀한 분석을 거쳐 신규 상품 출시, 서비스 개선 및 다양한 경영활동 등에 주요한 정보로 활용된다.

이와 같은 노력의 결과로 SK텔레콤은 지난 2015년 3월 31일 한국생산성본부, 조선일보, ACSI LCC가 공동으로 실시한 2015년 1분기 국가고객만족도(NCSI: National Customer Satisfaction Index) 조사에서 1위로 선정됐다. SK텔레콤은 2015년 1분기 이동전화서비스업 부문 조사에서 76점으로 이동통신사 가운데 가장 높은 평가를 받았으며, 1998년 최초 조사 이래 1위 자리를 놓치지 않으며 이어오고 있다.

이의 일환으로 SK텔레콤은 고객에게 최고의 구매경험을 제공하기 위해 중장기 유통문화 혁신을 추진해왔다. 외형적인 유통 구조 혁신으로는 '소매 전략 매장'을 구축하고 매장 환경을 개선하여 유통망의 정예화를 추진한 것이다. 또한 현장 중심으로 교육을 강화하고 고객 응대 기준을 표준화하여 매장의 판매 역량을 강화했다. 이를 통해서 공식인증 대리점 내방 고객에게 단말기 가격 할인 중심의 단순 요금제 안내가 아닌 유무선 결합 및 데이터 상품 안내 등 고객의 특성과 요구에 맞는 종합적인 상담과 서비스를 제공하고 있다.

데이터 시대의 초석을 닦은 '눝' 서비스

SK텔레콤의 대고객 전략 중에 주요하게 살펴봐야 할 것 중에 하나가 데이터를 주거나 받을 수 있는 상품으로 인지하도록 했다는 것이다. 'T끼리 데이터 선물하기' 서비스를 시작하면서 SK텔레콤 고객 간에는 기본적으로 제공받는 데이터를 주고받을 수 있도록 했다. 이와 같은 서비스는 고객으로 하여금 추가적인 요금을 절약할 수 있도록 해준 것이기도 하지만 소비자에게 데이터를 주고받을 수 있는 상품이라고 인식시킨 것에 가장 크게 기여했다고 판단된다.

이후 '선물 조르기' 서비스로 확대하면서 데이터를 다른 사람에게 선물로도 줄 수 있는 상품이라고 인식시켰다. 또한 '눝' 포인트 제도를 시행함으로써 데이터를 자체적으로 생산할 수 있는 상품으로까지 그 인식을 확대시켜 나갔다. '눝' 상품은 전용 애플리케이션에 있는 'Play' 기능을 실행시켜 제한시간 내에 휴대폰을 흔들거나 돌리면 기록에 따라 최대 10포인트까지 포인트를 쌓을 수 있다. 이렇게 쌓은 포인트는 100포인트당 100MB의 데이터로 교환할 수 있도록 했다. '눝' 서비스는 데이터를 주고받을 수 있을 뿐 아니라 생산할 수도 있다는 개념을 소비자에게 심어줌으로써 향후 도래하고 있는 데이터 중심의 이동통신 시대를 열어가는 데 초석을 다진 것으로 평가된다. 또한 이와 같은 서비스를 사용해본 소비자들이 지인 및 가족에게 SK텔레콤 가입을 적극적으로 추천하는 등 직간접적으로 SK텔레콤의 가입자 유치에 기여하고 있다.

SK텔레콤의 데이터 전략을 통해 기업문화를 읽어봅시다.

데이터에 대한 SK텔레콤의 전략은 1999년에 10~20대를 대상으로 한 세그먼트Segment 브랜드 'TTL'이 나오면서 본격화되었다고 볼 수 있습니다. 모바일 세대에게 마치 돈을 주고받는 것처럼 데이터를 주고받을 수 있는 것으로 인식시켰는데, 10여 년 전의 일이지만 당시 시대를 앞서 간 SK텔레콤의 데이터 전략을 엿볼 수 있습니다. 그리고 2015년에 시행된 데이터중심요금제를 보면서 오래전부터 쌓아온 치밀한 데이터 전략이 밑바탕 되었다는 느낌을 받았습니다. 한편으로 이런 부분이 SK텔레콤의 진정한 기업문화일 수 있습니다. 그렇다면 면접에서 어떤 사람을 인재라고 생각할지 힌트를 얻을 수 있겠지요? 자신에게 어려운 일을 극복한 경험이 있다고 할 때, 순간의 기지로 위기를 모면했던 것인지 아니면 긴 호흡으로 미래를 대비했던 준비 과정이 있었기 때문인지, 어떤 방향으로 이야기해야 할지 감이 잡힐 것입니다.

또한, 'SK텔레콤 데이터 전략'을 키워드로 관련 내용들을 정리해보기 바랍니다. 데이터 관련 서비스 프로그램을 자세히 살펴보고 데이터에 대한 소비자 인식을 제고시킬 수 있는 방법을 찾아보는 겁니다. 혹은 데이터에 대한 관심이나 인식이 20~30대에 비해 상대적으로 부족한 40~50대를 대상으로 한 마케팅 방법이나 영업 전략 등을 한번 짜보기 바랍니다.

05

통신시장 변동에 따른 재무 지표 흐름

통신 패러다임 바뀌며 한동안 주가 하락세

SK텔레콤의 중기적 주가 흐름은 주가의 레벨을 점진적으로 높여가는 모습을 보여준다.

2007년부터 2012년까지는 통신서비스업체가 전체적으로 암흑기였다. 3세대 이동통신으로 패러다임이 바뀌고 스마트폰 시대가 열리면서 단말기의 가격이 과거 피처폰보다 2배 가까이 높아졌다. 이에 가입자에게 지급해야 하는 보조금 규모는 증가한 반면, 이에 상응하는 만큼 이용요금이 인상되지 못한 것이 한 요인이었다. 특히 3세대 이동통신의 경우에는 충분한 네트워크 속도가 제공되지 못하여 가입자를 위해 무제한 요금제를 출시했지만, 이러한 상품을 충분히 이용할 수 있는 가입자가 없었기 때문에 스마트폰으로 인한 네트워크 관점의 부가

가치는 상대적으로 낮았다.

이와 같은 긍정적이지 못한 상황이 결국 기업실적에 영향을 끼친 것이다. 실제로 2006년에는 2조 5,000억 원에 달하던 영업이익이 2012년에 1조 6,000억 원대로 낮아졌다. 그러나 영업이익 수준이 1조 6,000억 원대로 낮아진다고 하더라도 기본적으로 통신서비스산업은 안정적인데다 1위 사업자로서 지배력이 높아 1조 2,000억 원에 달하는 배당 가능 이익이 창출된 바 있다. 이를 바탕으로 주당 9,400원에 달하는 배당을 2007년부터 지속한 것이 주가의 추가적인 하락을 저지하는 안전판 역할을 해주었고 이는 지금도 유효한 상황이다.

하지만 2012년 5월에는 수익성 저하 및 투자비 증가 등에 대한 우려가 최대로 반영되며 주가가 12만 원까지 하락했고 액면배당수익률 또한 8%에 육박하는 수준까지 하락했다.

투자효율성이 높은 LTE서비스로 수익성 회복

하락세를 보이던 이동통신의 주가가 다시 조금씩 회복하기 시작한 것은 4세대 이동통신이 등장하면서부터다.

4세대 이동통신인 LTE의 도입으로 가입자들이 더 높은 요금제를 선택하면서 가입자당 매출이 증가하는 모습이 확인됨에 따라 투자심리도 크게 개선되며 주가에 반영되기 시작한 것이다. 전체 통신서비스 사업 기준으로 보면 2012년에 1조 6,000억 원대였던 영업이익이 LTE 도입 효과가 반영되면서 2013년에는 2조 원에 육박했다. 이로써 수익성이 빠르게 개선되는 상황에서 주가 또한 점진적으로 개선됐다는 것을 확인할 수 있었다.

LTE는 기존 3세대 이동통신과는 확실하게 차별화해 소비자가 충분히 프리미엄을 지급하고 서비스에 가입하는 양상을 보였다. 이는 과거 SK텔레콤을 중심으로 국내 통신업체들이 3세대 이동통신을 도입하면서 프리미엄을 받지 못했던 것과는 대비되는 상황이다. 3세대 이동통신은 기존 2세대 이동통신보다 훨씬 빠른 네트워크 속도를 제공할 수 있었음에도 불구하고 소비자가 이와 같은 속도를 필요로 하는 곳이 없었기 때문에 대규모 투자비만 지출하고 프리미엄을 받을 수 없었다. 이것이 결국 수익성 악화와 주가 약세가 된 가장 주요한 이유였다.

그런데 LTE는 그와 반대의 모습을 보여주고 있는 것이기 때문에 통신업체들은 과거보다 훨씬 긍정적으로 영업 상황과 주가 향방을 전망할 수 있게 됐다. 특히 LTE는 소비자에게는 더 빠른 속도를 제공한다는 장점이 부각되면서, 통신서비스업체 입장에서는 과거 3세대 이동통신보다 주파수 효율성 및 투자 효율성이 훨씬 높아 비용 측면에서는 더 유리해 점진적인 수익 개선을 충분히 기대할 수 있는 상황이다.

1위 사업자가 가지는 수익 안정성

2015년에 들어서면서 주가가 지지부진한 모습을 보여주고 있는데,

이것은 통신서비스 산업이 기본적으로 규제산업이라는 한계에 다시 부딪혔기 때문이다. 가계통신비 절감을 위한 정부의 노력과 이로 인한 제4이동통신 사업자 선정 가능성 고조 등이 투자자들에게 불안감을 주고 있으며 향후 영업 전망을 불투명하게 조성하고 있다. 데이터 중심 요금제 출시 등도 가입자당 매출을 떨어뜨리는 요인이 될 우려가 있다. 그러나 SK텔레콤의 주가는 다른 경쟁업체들보다 양호한 움직임을 보이고 있다. 가장 주요한 이유는 1위 사업자로서의 영업 안정성에 대한 믿음과 이를 바탕으로 한 안정적인 배당이 가장 큰 것으로 판단된다. 현재와 같은 저금리 시대에 25만 원 수준의 주가는 3%대 중반의 실질배당수익률을 보장받을 수 있어 상당히 매력적으로 보인다.

규제산업과 내수산업이라는 특성상 해외 주요 업체와 비교할 때, 통신업체의 시가총액은 해당 나라의 시장규모 및 경제규모에 비례하는 것이 일반적이다. 국가의 특성에 따라 차이가 있긴 하지만 대부분의 주요 국가 상위 통신업체의 영업이익률은 8~13% 정도를 보이고 있다. 물론 미국의 버라이즌 같은 경우에는 15% 이상의 영업이익률을 보이기도 하지만 일반적으로는 10% 전후의 영업이익률을 보인다. 순이익률도 이에 준해서 4~6% 정도를 유지하는 것으로 보인다.

이처럼 경제규모 및 인구규모에 비례한 시가총액을 보이는데, 미국의 1위 사업자인 버라이즌의 경우에는 매출 및 순이익 규모가 SK텔레콤 대비 각각 8배 및 6배 정도 크고 시가총액도 9배 정도 많은 수준이다. 독일 도이치텔레콤의 경우에는 매출 및 순이익이 각각 6배 및 4배 정도 크고 시가총액은 4배 정도 많은 수준이다.

SK텔레콤 이동통신서비스 매출 추이 – LTE 본격 도입 이후 증가 추세

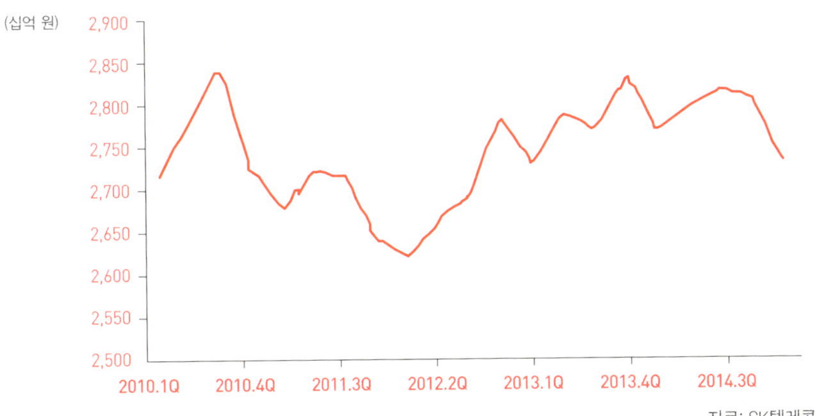

SK텔레콤의 가입자당 평균 수익(ARPU) 추이 – LTE 본격 도입 이후 ARPU도 상승 추세

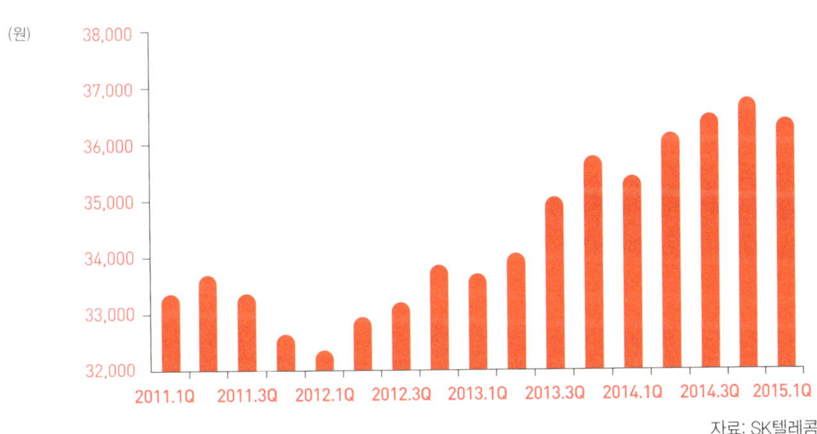

글로벌 주요 통신회사의 매출 및 자산 비교(한·중·일)

기업	회계연도(Fical Year)	SK텔레콤	KT	LG유플러스
매출액 (백만 달러)	FY12	14,337	21,189	9,686
	FY13	15,174	21,763	10,466
	FY14	16,307	22,253	10,451
	FY15E	15,591	20,030	9,408
	FY16E	16,029	20,378	9,594
영업이익 (백만 달러)	FY12	1,531	1,074	113
	FY13	1,838	767	496
	FY14	1,734	-277	548
	FY15E	1,767	1,044	615
	FY16E	2,033	1,137	685
순이익 (백만 달러)	FY12	1,023	929	-53
	FY13	1,498	-148	255
	FY14	1,711	-1,002	217
	FY15E	1,788	726	333
	FY16E	2,013	609	392
영업이익률(%)	FY12	10.7	5.1	1.2
	FY13	12.1	3.5	4.7
	FY14	10.6	(1.2)	5.2
	FY15E	11.3	5.2	6.5
	FY16E	12.7	5.6	7.1
순이익률(%)	FY12	7.1	4.4	(0.5)
	FY13	9.9	(0.7)	2.4
	FY14	10.5	(4.5)	2.1
	FY15E	11.5	3.6	3.5
	FY16E	12.6	3.0	4.1
주당순이익 성장률(%)	FY12	(21.2)	(15.8)	-
	FY13	14.9	-	-
	FY14	21.5	(548.0)	(18.3)
	FY15E	17.5	176.9	62.2
	FY16E	12.4	(16.7)	17.6
주가수익비율(%)	FY12	8.5	8.0	-
	FY13	11.1	-	16.8
	FY14	9.2	-	14.4
	FY15E	9.8	9.3	11.1
	FY16E	8.8	11.2	9.4
주가순자산비율(%)	FY12	0.9	0.7	0.9
	FY13	1.2	0.7	1.2
	FY14	1.3	0.7	1.0
	FY15E	1.3	0.7	0.9
	FY16E	1.2	0.6	0.9
EV/EBITDA	FY12	3.9	4.1	4.8
	FY13	4.5	4.0	4.7
	FY14	5.3	4.6	4.4
	FY15E	5.4	3.7	3.8
	FY16E	5.1	3.7	3.6
자기자본이익률(%)	FY12	9.8	8.7	(1.6)
	FY13	12.9	(1.3)	7.2
	FY14	14.3	(6.5)	6.9
	FY15E	12.9	7.3	8.6
	FY16E	13.2	5.6	9.4
총자산이익률(%)	FY12	4.6	3.1	(0.5)
	FY13	6.3	(0.5)	2.4
	FY14	7.3	(2.1)	2.4
	FY15E	6.9	2.6	3.1
	FY16E	7.5	2.1	3.6

China Unicom	China Telecom	China United Network	NTT DoCoMo	KDDI	SoftBank
39,452	44,880	39,452	53,737	45,272	40,587
47,991	52,309	47,991	54,098	44,322	38,758
46,207	52,652	46,072	40,074	41,808	79,265
46,331	53,670	47,779	36,984	38,550	73,494
48,104	56,376	49,642	36,543	36,777	73,032
1,986	3,361	1,743	11,083	6,054	8,558
2,678	4,468	2,570	10,132	6,204	9,675
3,398	4,627	3,236	5,842	6,777	8,984
3,399	5,108	3,128	5,463	6,267	8,228
3,905	5,912	3,536	5,553	6,670	8,556
1,125	2,369	375	5,880	3,024	3,976
1,693	2,854	560	5,998	2,922	4,508
1,957	2,870	646	3,749	3,912	6,110
2,174	3,123	723	3,519	3,655	5,891
2,503	3,587	809	3,767	3,981	4,115
5.0	7.5	4.4	20.6	13.4	21.1
5.6	8.5	5.4	18.7	14.0	25.0
7.4	8.8	7.0	14.6	16.2	11.3
7.3	9.5	6.5	14.8	16.3	11.2
8.1	10.5	7.1	15.2	18.1	11.7
2.9	5.3	1.0	10.9	6.7	9.8
3.5	5.5	1.2	11.1	6.6	11.6
4.2	5.5	1.4	9.4	9.4	7.7
4.7	5.8	1.5	9.5	9.5	8.0
5.2	6.4	1.6	10.3	10.8	5.6
66.7	(10.0)	67.7	(5.2)	(0.1)	63.0
46.7	22.2	45.0	6.8	8.7	16.4
15.9	0.0	15.9	(9.4)	28.6	27.0
11.2	10.0	14.4	(9.4)	28.6	27.0
15.5	13.6	12.6	16.0	17.6	(23.8)
33.3	19.3	31.3	12.3	9.2	8.6
20.6	13.9	19.8	11.9	12.3	13.1
20.4	17.5	47.8	22.8	16.5	12.9
17.8	15.7	41.2	21.5	16.2	12.5
15.4	13.8	36.6	19.5	14.1	17.0
1.1	1.1	1.0	1.1	1.0	2.9
1.0	0.9	0.9	1.1	1.3	3.2
1.0	1.1	2.4	1.7	2.4	3.0
1.0	1.0	2.3	1.7	2.4	3.2
1.0	1.0	2.2	1.6	2.1	2.6
4.9	4.9	4.1	3.3	3.3	4.2
4.0	3.5	3.5	3.7	4.2	6.7
3.5	4.0	-	6.2	6.1	8.4
3.6	3.9	4.5	6.8	6.7	8.6
3.4	3.7	4.1	6.8	6.2	7.9
3.4	5.7	3.3	9.4	11.5	40.3
4.9	6.5	4.7	9.4	11.2	29.2
5.3	6.2	5.1	7.4	14.9	27.8
5.9	6.6	5.6	7.8	15.3	28.2
6.5	7.1	6.2	8.4	15.7	16.2
1.5	3.1	0.5	6.8	6.1	6.6
2.0	3.2	0.7	7.0	6.0	6.1
2.2	3.2	0.7	5.6	8.4	3.5
2.6	3.6	1.7	5.7	8.7	4.1
2.9	4.0	1.9	6.1	9.3	3.4

자료: Bloomberg

글로벌 주요 통신회사의 매출 및 자산 비교(미국 및 유럽)

기업	회계연도(Fical Year)	Verizon	AT&T	T-Mobile
매출액 (백만 달러)	FY12	115,846	127,434	5,101
	FY13	120,550	128,752	24,420
	FY14	127,079	132,447	29,564
	FY15E	131,086	134,932	32,383
	FY16E	132,553	138,411	34,592
영업이익 (백만 달러)	FY12	13,160	12,997	824
	FY13	31,968	30,479	996
	FY14	19,599	11,746	1,416
	FY15E	29,972	22,993	2,140
	FY16E	30,529	23,637	3,565
순이익 (백만 달러)	FY12	875	7,264	394
	FY13	11,497	18,249	35
	FY14	9,625	6,224	247
	FY15E	15,779	13,220	853
	FY16E	16,266	13,722	1,565
영업이익률(%)	FY12	11.4	10.2	16.2
	FY13	26.5	23.7	4.1
	FY14	15.4	8.9	4.8
	FY15E	22.9	17.0	6.6
	FY16E	23.0	17.1	10.3
순이익률(%)	FY12	0.8	5.7	7.7
	FY13	9.5	14.2	0.1
	FY14	7.6	4.7	0.8
	FY15E	12.0	9.8	2.6
	FY16E	12.3	9.9	4.5
주당순이익 성장률(%)	FY12	(63.5)	89.4	30.1
	FY13	1,193.5	171.2	(97.7)
	FY14	(39.7)	(64.9)	520.0
	FY15E	14.5	0.2	192.7
	FY16E	3.8	2.9	112.0
주가수익비율(%)	FY12	19.2	14.6	10.1
	FY13	17.1	13.4	163.4
	FY14	13.4	14.3	61.0
	FY15E	12.3	13.8	45.3
	FY16E	11.9	13.4	21.4
주가순자산비율(%)	FY12	3.7	2.0	1.1
	FY13	3.6	2.0	1.9
	FY14	20.6	2.1	2.1
	FY15E	12.7	2.1	2.0
	FY16E	8.6	2.0	1.9
EV/EBITDA	FY12	7.6	8.1	3.9
	FY13	4.9	5.2	9.5
	FY14	8.4	9.0	7.9
	FY15E	6.6	6.5	7.8
	FY16E	6.5	6.3	6.5
자기자본이익률(%)	FY12	2.5	7.3	12.5
	FY13	31.9	19.9	0.4
	FY14	89.8	6.5	2.2
	FY15E	122.5	15.1	5.0
	FY16E	82.5	16.2	9.3
총자산이익률(%)	FY12	0.4	2.7	4.0
	FY13	4.6	6.6	0.1
	FY14	4.3	1.9	0.6
	FY15E	8.0	5.5	2.1
	FY16E	8.0	5.6	3.7

Sprint	Deutsche Telekom	Vodafone	Telefonica Deutschland	Telefonica	ORANGE
-	74,798	74,086	6,703	80,182	55,955
-	79,874	60,123	6,527	75,795	54,436
34,532	83,240	68,108	7,336	66,925	52,402
34,650	75,796	66,264	8,740	57,315	43,999
33,869	77,169	65,007	8,763	58,633	44,147
-	-5,095	16,398	188	13,885	7,773
-	6,549	7,814	139	12,553	8,511
-1,895	9,628	3,677	-857	9,256	6,793
-88	8,928	2,839	-445	8,423	6,675
479	9,886	4,242	-86	9,419	6,788
-	-6,883	11,104	1,716	5,051	1,054
-	1,235	653	104	6,101	2,488
-3,345	3,884	9,292	-958	3,987	1,229
-2,698	3,677	2,340	-566	4,187	2,785
-1,598	4,244	2,200	-246	4,662	2,991
-	(6.8)	22.1	2.8	17.3	13.9
-	8.2	13.0	2.1	16.6	15.6
(5.5)	11.6	5.4	(11.7)	13.8	13.0
(0.3)	11.8	4.3	(5.1)	14.7	15.2
1.4	12.8	6.5	(1.0)	16.1	15.4
-	(9.2)	15.0	25.6	6.3	1.9
-	1.5	1.1	1.6	8.0	4.6
(9.7)	4.7	13.6	(13.1)	6.0	2.3
(7.8)	4.9	3.5	(6.5)	7.3	6.3
(4.7)	5.5	3.4	(2.8)	8.0	6.8
-	-	(9.6)	366.7	(27.4)	(78.9)
-	-	-	(75.0)	16.1	129.0
-	209.5	(48.9)	-	(35.7)	(43.3)
-	31.8	(47.2)	34.0	(19.6)	59.7
29.3	16.6	1.8	54.4	11.3	7.2
-	-	12.5	20.6	11.7	26.9
-	59.2	-	85.7	11.7	12.7
-	36.5	10.6	-	21.5	33.4
-	21.4	38.5	-	16.5	14.5
-	18.4	40.5	-	14.8	13.5
-	1.4	1.2	1.0	2.2	0.9
-	2.3	1.3	1.1	2.5	1.0
0.6	2.5	0.9	1.3	2.6	1.2
0.9	2.4	0.9	1.5	2.4	1.2
0.9	2.4	1.0	1.6	2.4	1.2
-	4.5	6.6	5.8	5.1	4.4
-	6.6	10.3	6.0	5.7	4.6
12.7	8.1	7.9	19.7	8.5	5.9
7.8	6.7	7.4	9.7	7.7	5.4
6.6	6.4	7.4	8.5	7.3	5.4
-	(17.5)	8.5	14.3	18.7	3.2
-	3.7	0.6	1.3	22.1	7.7
(14.2)	7.2	8.4	(10.0)	18.1	3.4
(10.4)	10.8	2.2	(4.7)	15.2	8.9
(6.7)	12.7	2.2	(2.3)	15.8	9.3
-	(4.6)	4.8	11.7	3.0	0.9
-	0.8	0.3	0.9	3.7	2.1
(4.0)	1.5	4.7	(6.3)	3.5	1.1
(2.4)	1.9	2.5	(2.4)	4.1	4.2
(1.1)	2.6	1.5	(0.9)	4.6	4.3

자료: Bloomberg

 **주가 흐름을 보면서 시장 이슈들을 확인해봅시다.**

SK텔레콤의 주가 추이를 보면 2012년 중반부터 2014년 말까지 큰 폭의 상승세를 보였습니다. 경쟁사인 KT는 같은 기간 지속적인 하락세를 보였고 LG유플러스는 상승세나 상승 폭이 SK텔레콤과 유사한 모습을 보였습니다. 이는 SK텔레콤의 주가 상승에 경영 전략과 더불어 LTE 보급에 따른 시황이 영향을 끼칠 수 있음을 시사하고 있습니다. 재무 직무가 아니더라도 주요 통신사들의 주가 수준과 흐름을 중심으로 그때마다 어떤 시장 이슈들이 있었는지 감을 잡고 있기 바랍니다.

**관련 자료 찾아보기 ㉓
검색 키워드, 'SK텔레콤 주가'** 

포털사이트에 'SK텔레콤 주가'를 입력하면 간단하게 3년간의 주가 흐름을 확인할 수 있습니다. 3년 이상 장기간의 주가 흐름을 체크하려면 증권사 HTS(홈트레이딩시스템) 프로그램을 설치하면 됩니다. 가까운 은행 지점에 방문해서 증권사 연계 계좌를 개설한 뒤 해당 증권사 HTS 프로그램을 설치하면 됩니다.

문화:
가능성과
희망을 연결하는
기업문화의 힘

안정성이 가장 중요한 이동통신산업의 특성상 SK텔레콤은 시스템을 중시하는 문화를 가지고 있습니다. 더불어, 시시각각 빠르게 변하는 ICT 생태계에 맞춰 유연한 사고방식을 갖춘 글로벌 리더를 육성하기 위해 '개방'과 '공유'를 중요시하는 문화도 동시에 가지고 있습니다. 안정과 혁신이라는 두 키워드 속에서 임직원들의 역량을 최대로 높이고자 하는 SK텔레콤만의 기업문화를 미리 한번 살펴봅시다.

01

더 나은 미래로 향한
성장 역사

행복한 대한민국을 꿈꾼 SK의 창업정신

SK텔레콤에 국한되기보다는 전 SK그룹의 영역으로 확장해서 볼 때 SK그룹 창업자의 경영철학은 사업보국事業報國으로 설명될 수 있을 것이다.

SK그룹은 부강한 나라와 행복한 국민을 꿈꾸며 국민을 위해 재화와 서비스를 제공하고, 사회를 위해 고용을 늘리며 수출로 외화를 벌어들이고자 하는 것에서 기업경영의 의미를 찾았다. SK그룹의 창업주인 최종건 회장의 동생이자, 최태원 회장의 선친인 최종현 회장은 우리나라의 산이 대부분 벌거벗고 있던 시절 매주 오지의 산을 찾아 손수 나무를 심었다. '인재의 숲'을 만들고자 했던 최종현 회장은 자연과학과 사회과학의 기초 학문 분야의 밑거름이 될 수 있는 인재를 양성하기 위해서 한국고등교육재단을 설립하기도 했다.

앞선 이야기를 통해 알 수 있듯 SK그룹은 당장의 수익에 집중하기보다는 장기적으로 사회와 더불어 가치를 키우는 것에 더 중점을 두고 있다. 이와 같은 창업정신을 가지고 있는 SK그룹에 SK텔레콤이 합류하면서 '고객과 국민의 행복 동행'이라는 가치가 정립됐다.

SK텔레콤의 혁신과 국민의 행복은 정비례

사업보국에 뜻을 둔 SK의 창업정신은 SK텔레콤의 성장 역사에서도 확인할 수 있다. SK텔레콤은 항상 더 좋은 서비스를 고객에게 제공함으로써 고객의 만족과 행복에 기여하고자 노력해왔다. SK텔레콤은 전 세계에서 최초로 CDMA 기술을 상용화한 서비스를 시작했는데, 이와 같은 시도는 좀 더 좋은 품질의 이동통신서비스를 더 많은 국민들이 사용할 수 있게 하겠다는 목표에서 비롯된 것이라 볼 수 있다.

CDMA 기술이 도입되기 이전에는 아날로그 방식으로 이동통신서비스를 제공했었다. 아날로그 방식은 주파수의 효용성이 낮아서 결국은 비용이 높을 수밖에 없었고 통화 품질도 좋지 않았다. 그래서 이동하면서 통화를 하는 서비스는 일부 국민만 누릴 수 있었다. 그러나 기존 아날로그 방식보다 투자효율성이 2~3배 높은 CDMA 방식의 서비스를 공격적으로 선도함으로써 모든 국민이 이동전화서비스를 저렴한 가격으로 이용할 수 있게 되었고, 국민 삶의 질을 높이기 위해

차곡차곡 쌓아온 기술과 경쟁력이 오늘날 SK텔레콤을 만든 힘의 원천이 되었다.

새로운 미래를 만드는 도전의 역사

국내시장에서 큰 성공을 이룬 SK텔레콤은 국내에서 쌓은 기술과 노하우로 해외진출을 시도한 바 있다. 2005년에 미국 시장 진출을 목적으로 어스링크Earthlink사와 협력해 MVNO사업을 시작한 적이 있으며, 베트남에서도 통신서비스사업을 시도한 바 있다. 하지만 안타깝게도 모두 좋지 않은 성적을 거두었다. 통신서비스산업은 규모의 경제가 부각되는 사업이기 때문에 1위 사업자가 가질 경쟁우위가 상당히 높아 외국 기업의 시장 진입이 더더욱 어려운 구조이다.

그러나 SK텔레콤은 이와 같은 시도를 실패로 끝내지 않고 그 실패를 교훈 삼아 새로운 도전을 이어가고 있다. 가장 대표적인 예가 11번가를 해외에서 서비스한 것이다. 통신망서비스는 외국업체로서 한계가 있을 수 있지만 11번가와 같은 쇼핑몰서비스는 한국 시장에서 쌓은 다양한 경험을 바탕으로 경쟁우위를 가질 수 있다. 또한 초기 진입으로 인한 경쟁우위도 유지할 수 있어 성공적인 해외진출 사례가 될 수 있다고 판단된다. 아직은 초기 단계이고 성공 여부도 확신할 순 없지만, 내수산업이라는 한계를 넘어서 해외에 지속적으로 도전하는 그 모습만으로도 높게 평가할 수 있을 것이다.

'SK텔레콤 성장 역사'를 키워드로 관련 자료들을 정리해보기 바랍니다. SK텔레콤 홈페이지에도 'SK텔레콤의 지난 30년의 이야기'라는 코너를 통해 자세히 설명되어 있습니다. 단순히 성장의 역사보다는 대한민국 IT 발전에 SK텔레콤이 구체적으로 어떤 역할과 사명을 다해왔는지를 세심하게 살펴보기 바랍니다.

02

세상에 새로운 가치를 더하는
기업문화

시스템으로 움직여라

통신서비스 회사의 기업문화는 구조적으로 시스템을 중시하는 문화를 가지고 있다. 통신서비스의 특성상 안정적인 네트워크를 구축해 고객이 안정적으로 통신망을 활용할 수 있도록 서비스하는 것이 가장 중요하므로, 네트워크를 안정적으로 관리하는 것 역시 가장 중요한 업무가 된다. 때문에 개개인보다는 어쩔 수 없이 전체 조직을 우선으로 하는 문화가 지배적이다.

통신서비스 특유의 산업 문화가 SK그룹에 잘 맞을 수 있었던 것은 SK그룹이 SKMS(SK Management System)라는 경영의 바이블을 가지고 시스템 경영을 유지해왔기 때문일 것이다. SK그룹은 1979년부터 이미 SKMS을 정립하여 전사 조직원들이 경영에 대한 이해를 통일하고 경영의 목적이나 방향을 함께 만들어가며 원활한 의사소통을 바탕으로 올바른 의사결정을 이끌어낼 수 있도록 했다. SK텔레콤도 SKMS를 도입하여 내부적으로 주요한 의사결정을 하는 과정에서 SKMS의 방식을 활용하고 있다. 또한 변화하는 경영 환경에 맞춰 새로운 개정판을 지속적으로 발간하고 있다.

ICT 인재를 육성하는 조직문화

통신서비스사업이 네트워크에 기반한 것이기는 하나 개인의 다양성을 확보해주지 않는다면 향후 통신서비스산업이 단순한 네트워크 사업자로만 머물게 되는 위험에 노출될 수 있을 것이다. 그렇게 된다면 이미 네트워크망시장은 포화 상태이므로 회사의 성장에 한계가 올 것이다.

SK텔레콤이 향후 추가적으로 성장할 수 있는 동력은 콘텐츠 및 미디어를 포함한 플랫폼 중심의 사업 영역이 될 것이다. 이를 위해서는 통신을 기반으로 개방형 생태계를 구축하고 고객의 심층적인 욕구와 편의를 충족시킬 수 있는 혁신적인 형태의 플랫폼을 구축해야 한다. 또한 사업자가 아닌 사용자 관점으로 발상을 전환하고, 개방과 공유를 원칙으로 벤처 및 스타트업, 중소기업을 포함해 다양한 파트너들과의 경계 없는 협력을 이끌어낼 수 있는 구조로 바꾸어가야 한다.

이와 같은 변화에 대응하기 위해 SK텔레콤은 매니저 제도를 시행하고 있다. 이는 사원 - 대리 - 과장 - 차장 - 부장의 과거 직위체계를 바꾸어, 직책자인 본부장, 실장 및 팀장 등을 제외한 비직책자들의 호칭을 모두 매니저로 단일화한 제도이다. 이를 통해 SK텔레콤은 개방형 조직관계를 형성하고, 자유로운 의사소통을 바탕으로 창의적인 아이디어 도출을 기대할 수 있게 되었다. 또한 플랫폼사업에 맞춰 유연하게 확장할 수 있는 조직 구조를 중심으로 새로운 문화를 만들어가고 있다고 판단된다.

수평적·개방적으로 바뀌어가는 기업문화에 대비해봅시다.
직위체계를 매니저로 단일화했다는 것은 미국 실리콘밸리에 있는 스타트업 기업처럼 만들겠다는 경영진의 의지로 해석됩니다. IT 기업이라도 조직이 방대해지면 관료화의 함정에 빠질 위험성이 매우 커집니다. 네이버가 최근 직제나 인사를 수평적·개방적으로 바꾸는 제도를 도입한 것도 이와 같은 맥락일 것입니다. SK텔레콤의 이런 기업문화에 자신의 성품, 재능, 경험 등이 잘 부합될 수 있도록 준비하기 바랍니다.

SKMS, SK의 철학과 목표가 담긴 경영 매뉴얼

SK텔레콤의 경영 및 기업문화를 더욱 이해하기 위해서는 SK그룹의 경영 매뉴얼이라고 할 수 있는 SKMS를 이해할 필요가 있으므로 더욱 자세히 살펴보자.

SKMS는 SK 구성원 모두가 합의하고 공유하는 경영관리체계로서 중요한 경영원리에 대해 통일된 정의를 내리고 내용을 체계적으로 정립한 것이다. 이는 SK의 경영철학과 이를 현실경영에서 구현하는 방법론으로 구성되어 있다. 기업경영에 현실적으로 꼭 필요하다고 판단되는 것을 중심으로 내용을 구성해 책으로 발간하는 표준서 같은 것이다.

SK그룹은 SKMS를 정립한 이유에 대해, SK의 모든 구성원이 SKMS를 바탕으로 경영의 본질에 대해 바르게 알고 이를 의사결정의 기준으로 활용함으로써 경영관리의 수준을 높이고, 궁극적으로 세계화 시대에 경쟁우위를 확보하기 위함이라고 밝히고 있다. 실제로 SKMS는 SK의 기업문화를 구축하는 데 중요한 기반이 되어왔으며 체계적이고 합리적인 시스템 경영으로 실적 향상과 기업문화 정착에 큰 역할을 한 것으로 자체 평가하고 있다.

SKMS를 구체적으로 살펴보면 기업은 안정과 성장을 지속적으로 이루어 영구히 존속 및 발전하여야 하고 이를 통해 고객, 구성원, 주주에 대한 가치를 창출함으로써 사회 및 경제 발전에 핵심적인 역할을 수행하여야 하는 것으로 정의하고 있다. 또한 SK그룹이 추가하는 가치는 모든 이해관계자의 행복으로 규정하고 있다. 이를 위해 SK그룹은 'SUPEX'라는 공동의 목표를 설정했다. SUPEX는 'Super Excellent 수준'을 말하는 것으로 인간의 능력으로 도달할 수 있는 최고의 수준을 지향하자는 것이다.

또한 SKMS는 생존 기반 확보, 성과 극대화 및 지속적 발전이라는 구체적인 문제에 앞서 SUPEX 목표 설정은 어떻게 해야 하는지, 이를 실행하기 위해서 어떤 구체적인 전략과 방법을 기준으로 해야 하는지 등에 대해서 구체적으로 기술하고 있다. 그뿐만 아니라 구성원의 역할 및 리더의 역할은 무엇인지, 이를 위한 환경은 어떻게 조성되어야 하는지도 구체적으로 제시하고 있어 구성원 간에 의사결정의 이슈가 발생했을 때 이를 기준으로 서로 조율하며 합리적인 의사결정이 이뤄지도록 다양한 지침이 구조화되어 있다.

세부적으로는 경영관리 요소를 정적요소 및 동적요소로 분간하여 SUPEX 추구 환경을 조성하기 위해서 어떻게 실천하고 활용해야 하는지 구체적인 기준과 방법을 제시하고 있다.

경영관리의 정적요소로는 마케팅, 생산, 연구개발, 전력기획, 인력 및 조직, 회계 및 재무, 구매와 CR(Corporate Relations) 등으로 나눠서 각각 요소들의 정의와 행동 원칙을 제시하고 있다. 동적요소는 주로 일에 대한 의욕, 일 처리 역량, 코디네이션 및 커뮤니케이션 능력, SK-Manship으로 구성되어 있다. 이는 사람과 사람 사이에 존재하거나 조직의 분화 및 분위기 등으로 존재하는 것으로 상기와 같은 요소를 잘 관리해서 조직과 개인의 역량을 극대화시킬 수 있는 방안을 설명하고 있다. 구성원 차원에서의 실천 방안과 회사 차원의 실천 방안을 함께 제시함으로써 어느 한쪽으로 치우치지 않고 입체적인 해결이 가능하도록 방안을 제시하고 있다.

자기소개서 작성 전에 SKMS에 대한 내용을 미리 살펴봅시다. SK그룹이 운영하는 채용 사이트(http://www.skcareers.com)에 들어가면 'SKMS'를 다운로드할 수 있으니 내용을 구체적으로 확인해보기 바랍니다. 44페이지 분량의 'SKMS' 첫 페이지에는 최종현 선대회장이 1979년 3월 임원 세미나에서 언급했던 내용을 정리해두었는데, 당시 SKMS를 정립한 의의를 찾아볼 수 있습니다. 또한 2008년 개정판을 내면서 경영 전반에서 지켜야 하며 추구해 나가야 할 정적·동적 가치들을 기술하고 있으니 SK텔레콤의 기업문화를 미리 경험하는 차원에서 자소서 작성 전에 미리 내용을 확인해보기 바랍니다.